生きることばへ

余命宣告されたら何を読みますか？

金子直史

言視舎

まえがき

共同通信社　文化部長　加藤義久

２０１８年9月13日、午前7時過ぎに携帯電話が鳴った。「金子直史」という表示を見て、嫌な予感がした。電話は本人ではなく、妻の康代さんからだった。「直史が亡くなりました」。がんのため入退院を繰り返していた金子さんだったが、その前日に普段と変わらないメールをもらっていただけに、突然の知らせに言葉を失った。58歳だった。

金子さんは１９８４年に共同通信社に入社。広島支局を振り出しに記者人生をスタートし、大分支局、那覇支局などを経て95年に本社の文化部に異動した。文化部では演劇や文芸を担当。一方で、折に触れて戦後日本を捉え直す骨太な連載を執筆した。記者としてのベースにあったのは、戦争の犠牲となった広島・沖縄の問題であり、そこに端を発した戦後思想だったと思う。

大腸がんが見つかり、治療のため長野支局長から本社の編集局に異動したが、記事を書きたいという思いはやみがたく、古巣の文化部に編集委員として戻ってきた。その打ち合わせの際、大好きなビールをノンアルコールに替えた金子さんは、グラスを傾けながら「やりたい企画が二つあるんだ」と打ち明けた。一つは明治以降の近代日本を考察する連載、もう一つが「自分が病気になって感じたことを踏まえながら、病や死に直面した作家たちがいのちについて書いた言葉を紹介したい」というものだった。地方新聞の生活面用の連載として2017年にスタートしたコラム「生きることばへ　いのちの文化帖」である。

連載は、戦没画学生の絵に始まり、正岡子規が死の直前まで書き継いだ『病牀六尺』、スーザン・ソンタグががんで死去するまでの日々を息子がつづった『死の海を泳いで』と続く。さらに原民喜の原爆文学や、沖縄戦を題材にした目取真俊の小説から戦争の記憶をたどり、小田実や西部邁の言葉から戦後の死生観を考える。取材で出会ってきた人や作品から心に残る言葉をたどった、記者人生を総括するような内容となったが、自身が救いを求めて病床で手に取った本もあったのではないか。

週1本、約900字の原稿は、健康な時だったら難なくこなしただろうが、連載が進むにつれて体調が悪化し、執筆がきつくなっていったようだ。熱が下がらず、自宅療養の日が多くなったが、それでもメールとファクスで原稿と資料を送り、記事の配信が遅れることはなかった。

連載は30回で終了。書きたいことはまだまだあったようで、最終回で続編の予告もしていたが、約1カ月の再入院を経て、帰らぬ人となった。「よろよろで情けないけど、投薬の副作用が出ているだけだから大丈夫」と笑っていたが、後で康代さんに聞くと「家では身を削るようにして書いていた」という。これだけは書き残しておきたいという執念が書かせた30本の原稿だった。

平穏な日常に訪れた死の予感を前にしながら、生を慈しみ、光を探し求める日々をつづった文章を読み解いたコラムは、同じ体験をした者だからこそ書ける当事者性があって心に染みる。同時に、さまざまな歴史的事実や社会的背景を盛り込みながら読者に分かりやすく紹介している点で、やはり新聞記者の仕事だと思う。いのちと向き合っている方がこの中の1冊を手に取って、生きるための希望を感じてもらえればと願う。

死去から間もなく1年になるが、文化部の金子さんのデスクは空席のままだ。ビールを浴びるように飲んでいたこと、貧乏揺すりをしながら宙をにらんで考え事をしていたこと、昔ながらのブン屋っぽさを漂わせながら家族思いでもある「無頼派マイホーム主義者」だったこと。ぽっかり空いたデスクの周りで、ぶっきらぼうだけど愛嬌のある笑顔を思い浮かべては、今もときどき記者金子直史の思い出を語り合っている。

目次

まえがき――共同通信社　文化部長　加藤義久　3

「生きることばへ」

「命の叫び」を画布に――戦没画学生慰霊美術館「無言館」　14
病を楽しむという境地――俳人・正岡子規「小さな世界」の輝き　18
豊かな感受性と闘う意志――スーザン・ソンタグ　生の美しさ、揺るがない軸　21
恐れに屈しない快活さ――中江兆民「一年半は悠久なり」　24
祈りを収める小さな函――高見順「なまの感慨」　27
無数の死の悲しみを受けて――原民喜　生と死の記憶を胸にたたえ　31

日常の奥底、止まる時間――被爆者にとっての記憶とは　34
特攻というあまりに特殊な死の形態――戦争による生死の意味　37
原爆から水俣へ――「なぶりもの」にされた人々の現実　40
「海と陸の精霊」が交歓する世界――悲しみを引き受け希望を胸に　石牟礼道子　43
水俣で見えた近代の闇――鶴見和子　「魂」を地域で再生させる「アニミズム」　46
病を受け入れ世界へまなざしを開く――鶴見和子　人生の最後を彩る病と歌　49

未来と関係しない時間の豊かさ――見田宗介　近代のむなしさを超える契機　53
世界の奥底の兆し見つめる――宮沢賢治の「天空の地質学」　56
悲しみを通じて見えてくる輝き――自分という存在の「解放への通路」　59

生者と死者の共生感覚――奥野修司　東日本大震災遺族への聞き取り　63
死者の実在を身近に感じる思い――若松英輔、柳田国男「日本人の死生観」　66
ありふれた日常的な生活用品だからこそ――生々しい石内都『ひろしま』の面影　69

生の極限で保つ人間の尊厳――フランクル『夜と霧』の問いかけ　72
濃厚に立ちこめる戦争の記憶――目取真俊　忘れ去ることのできない死者の存在　76
基地の存在のリアリティー――大城立裕と目取真俊の作品から　79
戦争とは一人一人の悲惨の記憶――大田昌秀「生き方の原点」　82
今を問い直す沖縄の現実――他人の苦しみを自らのものと感じる心　85
ベラボーなものを核に――岡本太郎の「殺すな」　88

歴史を生きる一人一人への洞察と共感――その一方で、吉村昭の衝撃的な選択　92
揺るぎない生命の姿――西部邁の自死いざなう徳義の思想について　95
「美しい死」「ロマン的な死」――過剰な意味付けを超える「生そのもの」とは　98
見えなくなった「難死」――米国の視点に染まる中で　101
未完の平和主義に徹すれば……――小田実　死への不安と無念を胸に　104
個人の実感を通じて見える歴史――小林秀雄の歴史観を参照しながら　107

日記（金子康代編） 111
2016 112
2017 114
2018 186

特別掲載　ある記者との糸電話——窪島誠一郎 241
解説　金子直史さんのこと——黒川創 245
あとがき——金子康代 261
年譜（金子康代／加藤義久編） 265

生きることばへ——余命宣告されたら何を読みますか？

生きることばへ

※本稿は２０１７年12月から30回にわたり「生きることばへ　いのちの文化帖」というタイトルで、共同通信社から地方紙各紙に配信されたものである。書影は著者所蔵のもの。風景写真は著者の撮影。

「命の叫び」を画布に

戦没画学生慰霊美術館「無言館」

人は普段、いつもの平穏な日常が続くことを疑わない。だから思いも寄らない病や命の危険に突然直面すると、未来への不安、死への恐怖が避けようもなく広がる。そこで人の生、そして死は、どう見えてくるだろう。その問いに正面から向き合った文化人らの作品を読み解きながら、生きるための希望を探りたい。初回はその導入として筆者の体験も交えつつ、まずは戦没画学生の美術館「無言館」から——。

長野県上田市にある戦没画学生慰霊美術館「無言館」を初めて訪れたのは3年前、戦後70年の2015年夏だった。戦争の悲惨さを今に伝える反戦美術館として、ぜひ見ておくべきところと考えた。だが、実際に見た印象はそれと違った。

館主の窪島誠一郎さんは「画学生の作品であって、絵として優れているのではない。美術館と名乗ることにためらいもあった。でも何か訴えかけてくるものがあるんですね」と言う。その通りだった。

例えば27歳でフィリピン・ルソン島で戦死した日高安典さんは、街路で日の丸の小旗を振られる出征の直前まで恋人をモデルに絵を描き続け、「生きて帰ったら続きを描くから」と言い残した。

フィリピンに向かう途中の海で24歳で戦死した片岡進さんは出征する日の明け方まで、鏡に向かっては自分の顔の彫塑を彫り続け、ほぼ完成した後、何も言わずに戦地へ向かったのだという。

それらが見る者の心に訴えかけるのは、「命の叫び」のようなものだからではないか。ほかの画学生も、生の最後のひとときであると意識しながら、風景にせよ、肖像画にせよ、生命のほとばしりを一筋一筋の絵の具に託して、画布に刻みつけたのだろう。そう思わせる強烈な印象だった。

それは、戦後の私たちが考えがちな「反戦の思い」のようなものではない。

若くして死んだ画学生の胸中にあふれかえるように強烈な「生きたい。描き続けたい」という思い。それが無言館の建物内の、照明を落とした暗い展示空間の中に、充満しているようだった。

初めて無言館を訪れた1年後、私はがんの手術をした。病巣は切除したが、やはり生と死の境を実感したのだったろう。手術の前、ふと無言館の絵をもう一度見たくなり、夏の木漏れ日がまぶしい丘陵に立つ十字架の形の無言館を再訪した。

印象は変わらなかった。画学生それぞれが、戦争に行くまでに残されたわずかな時間に、その若い命をキャンバスに噴出させたことが、より一層、胸に迫ってきた。窪島さんがあえて「無言館」と名付けた、言葉にはなりにくい若い画学生たちの思い……。それこそが何よりも、時を超えた私たちの胸にも伝わる「生きることば」なのではないかと思えた。

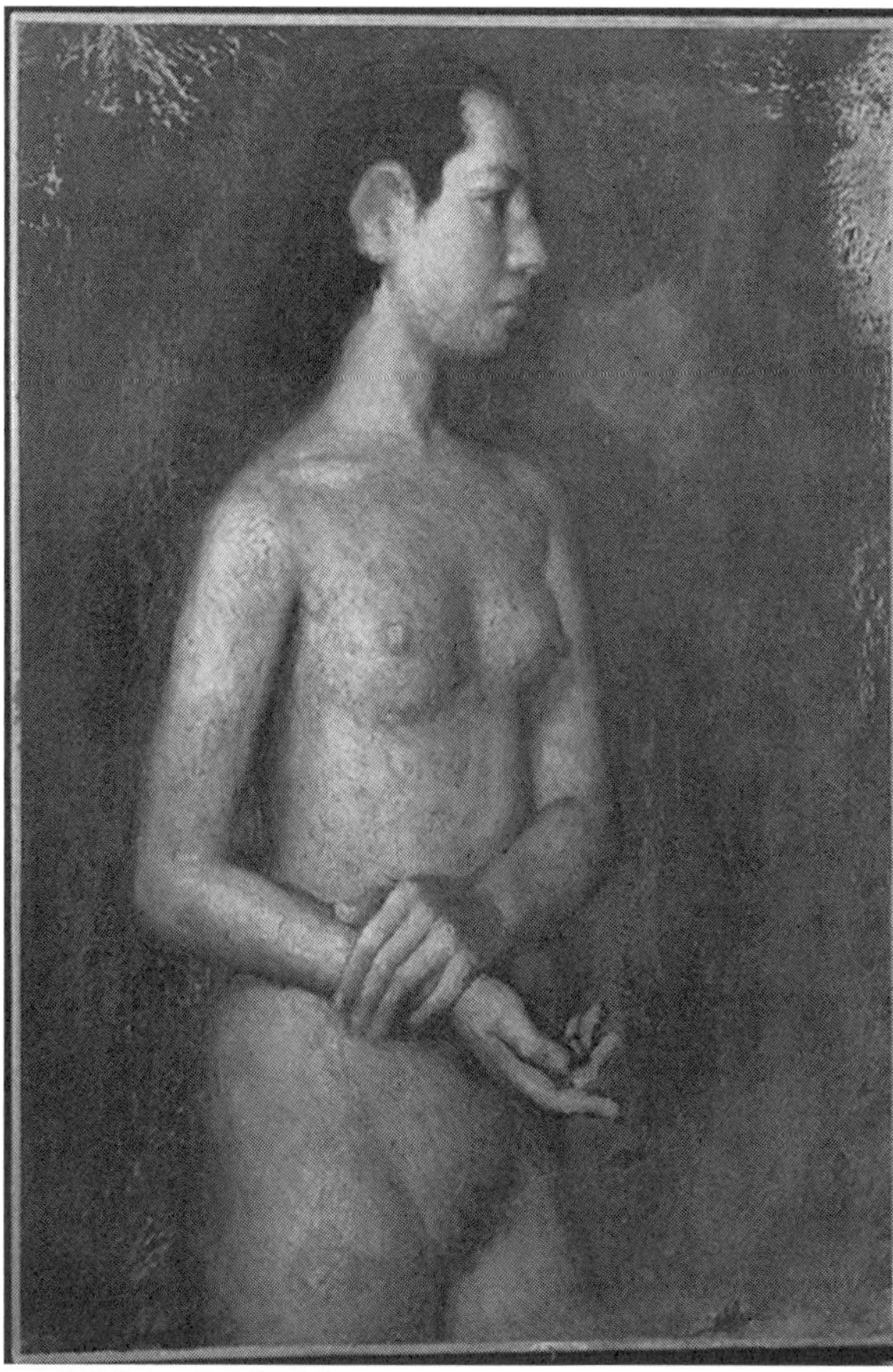
日高安典さんの作品「裸婦」
（無言館所蔵）

病を楽しむという境地

俳人・正岡子規　「小さな世界」の輝き

俳人・正岡子規は、晩年は肺結核と結核性脊椎炎の激しい痛みに悩まされ、東京・根岸の「子規庵」と呼ばれた家で1902年9月、34歳の生涯を閉じた。

6畳間の病室で起き上がることもできず、死の2日前まで書き継いだ随筆集『病牀六尺《びょうしょうろくしゃく》』には病室で去来する思いが率直に語られる。私はそれを、がん手術後の病室で手に取った。病巣は切除したが、病気への恐れはその後も残っていた。

一読して実感したのは、進行する病と近づく死を前にした子規の意外なほどの明るさだった。ありがちな病者の悲哀とは全く違う。病気を相対化し、その深刻さを笑おうとさえする生きる心の強さが、その時の私に強い印象を与えたのだろう。

病状の進行は過酷だった。子規はその痛みを「絶叫。号泣。真の狂人となってしまへば楽」、死の１週間前は「昼夜の別なく、五体すきなしといふ拷問」と書いた。

しかし子規は、痛みに苦しむ自身を「笑へ。笑へ」「咄々《とつとつ》大笑」と客観視した。そして「死生の問題は大問題ではあるが、それは極単純な事で、あきらめてしまへば直に解決されてしまふ」「病気を楽しむといふことにならなければ何の面白味もない」とさえ書く。

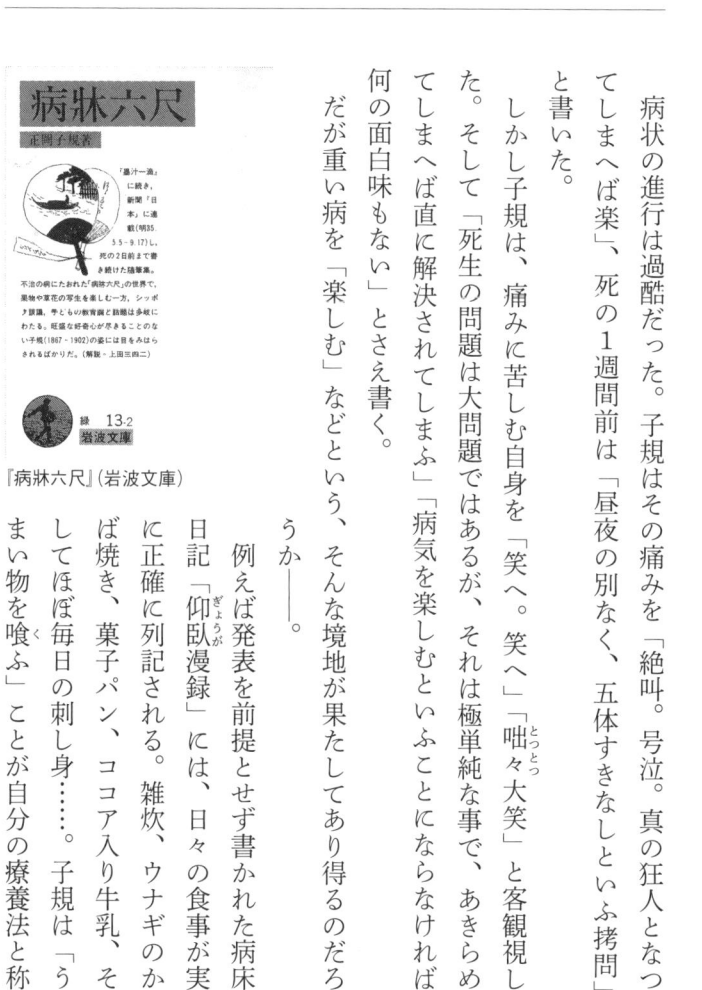

だが重い病を「楽しむ」などという、そんな境地が果たしてあり得るのだろうか――。

正岡子規著
「墨汁一滴」に続き，新聞「日本」に連載(明35.5.5－9.17)し，死の2日前まで書き続けた随筆集。
不治の病にたおれた「病牀六尺」の世界で，果物や草花の写生を楽しむ一方，シッポク談議，子どもの教育論と話題は多岐にわたる。旺盛な好奇心が尽きることのない子規(1867－1902)の姿には目をみはらされるばかりだ。(解説＝上田三四二)
緑 13-2

『病牀六尺』(岩波文庫)

例えば発表を前提とせず書かれた病床日記「仰臥《ぎょうが》漫録」には、日々の食事が実に正確に列記される。雑炊、ウナギのかば焼き、菓子パン、ココア入り牛乳、そしてほぼ毎日の刺し身……。子規は「うまい物を喰《く》ふ」ことが自分の療養法と称した。

小さな病室は、額や絵、すだれ、盆栽など贈り物がひしめき、外には子規が「小園」と呼んだ庭があり、鶏頭など草花が子規の目を楽しませた。それは晩年の子規にとって、「小さな世界」の輝きに満ちていただろう。

「仰臥漫録」には、庭のヘチマなど草花が、驚くほどの細かさで写生されている。「写生」は観念的だった和歌や俳句の革新のため、子規が強調した文学上の方法論だ。だが晩年の子規にとってそれは、小さな世界のいのちの輝きを克明に見つめ、生きる喜びを確かめていくための方法だったのかもしれない、と思えた。

豊かな感受性と闘う意志

スーザン・ソンタグ　生の美しさ、揺るがない軸

スーザン・ソンタグという女性批評家の名を意識したのは、2001年の米中枢同時テロを受けた世界情勢で、痛烈な米国批判を展開する米国知識人という印象からだと思う。翌年には来日し、シンポジウムを行った。

彼女が強調したのは、テロ後の世界で政治的な言葉が乱用され、人と人とが分断されることへの危機感だった。「悪の枢軸」「テロリスト」……。善悪二元論的な言葉がいかに、世界に痛ましい亀裂をもたらすか──。

文学者ならではの危機感から、世界の先鋭な批判者として知性を研ぎ澄ませていく──。そんな印象の彼女が、来日のわずか2年半後にがんで死去したことを、改めて気づかされたのは最近だ。

最後の日々を息子が記録した本があるのを知り、手にした。D・リーフ著

『死の海を泳いで』(岩波書店)
表紙はスーザン・ソンタグさん

『死の海を泳いで』。著者はノンフィクション作家として知られる。

読後、痛切に感じられたのが、鋭敏で豊かな感受性を武器に世界の分断と闘い続けた女性批評家の、「生きる」ことにすべてを懸けようとする鮮烈なまでの意志だった。

病名は骨髄異形成症候群。血液細胞の元となる造血幹細胞の病気だ。本書では、その告知がされた04年3月から死去する12月までが叙述される。

「有効な治療法がまったくない」とする医師の告知に、言葉を失う母を息子は見つめる。帰りの車で窓外を見つめる母は、こう描写される。「(母は)窓から目を逸《そ》らし、私の方を向いた。『ワオ』と母は言った。『ワオ』」。……すべての思いを込めた「ワオ」！

その後の日々は息子にも、ためらいと迷いの連続となった。死の可能性を示す情報を遠ざけるのは、母が否定する「情報操作」なのではないか——。だが息子は母が何を求めているか、はっきりと知っていた。

「何があっても生き残ること。生き続けようとする――それこそが母の死に方だったのだろう」と息子は記す。それは、世界を亀裂へと導く人間の愚行に渾身の力で憤り、生の美しさをあくまで愛した批評家の揺るがない軸であったかに思える。

そして最期の時。彼女はここで初めて「私、死ぬんだわ」と泣いたのだという。それは生きる闘いを全うした果ての、祈りのようなつぶやきだったのではないかと思えてならない。

恐れに屈しない快活さ

中江兆民「一年半は悠久なり」

思いもかけない病気にかかり、生と死の境を見つめる文化人の文章を探索する中で、この本には新鮮な驚きがあった。明治の民権思想家で、東洋のルソーとも呼ばれる中江兆民が晩年に書いた随想集『一年有半』。表題はがんにかかった中江の余命宣告の期間を指す。

死期を告げられて以降の文章を集め、1901年に出版してわずか1年で20万部を超える異例のベストセラーになる。この時代も現代の私たちと同じく、著名人の健康情報に関心があったのか、と当初は思った。だが読むと、それはいわゆる闘病記とは全く違った。

身辺雑事から文学・演劇論、政治・文明批評など多岐にわたる文章群は、明治を代表する民権思想家が社会に残す最後のメッセージ、「遺書」として意識されたと思われた。そして、そこに盛り込まれる病状の記述は驚くほど明るく、どんな境地かと思わせるほどに吹っ切れているのだ。

本書は、医師に余命告知を求めるところから始まる。医師が言いにくそうに1年半、養生して2年と答えたのを聞き、中江は「余のためには寿命の豊年」「一年半は悠久なり」と考える。そもそも人の生には限りがあり、死後は限りない。1年半も十分、と記される。

そして中江は終生好んだ義太夫の感想や、郷里の高知県のカツオや山桃のうまさなどを、それこそ思うままに書き連ねつつ、明治の政治家への言葉鋭い批評、そして政治論を書き留めていく。

特に、作中に記された「民権これ至理《しり》なり、自由平等これ大義なり（中略）欧米の専有にあらざるなり」という言葉は、ルソーの翻訳者として「自由平等」を明治日本に根付かせようと苦闘した、民権思想家の願いの結晶とも思えてくる。

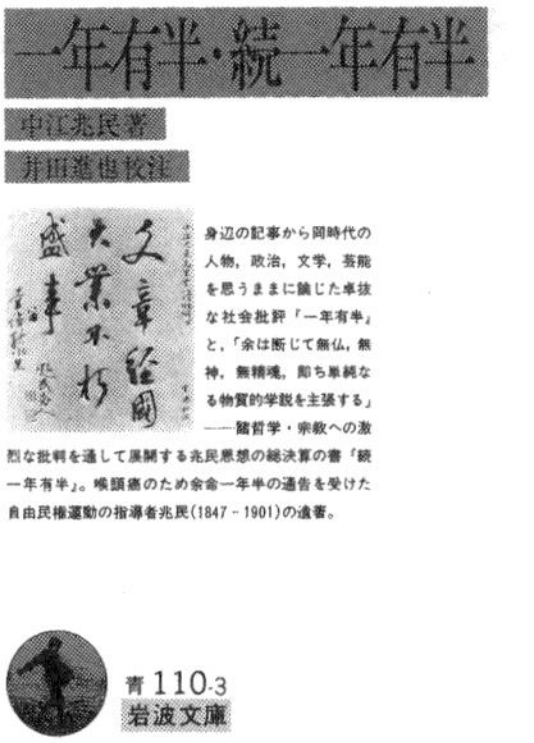
一年有半・続一年有半
中江兆民著
井田進也校注
身辺の記事から同時代の人物，政治，文学，芸能を思うままに論じた卓抜な社会批評「一年有半」と，「余は断じて無仏，無神，無精魂，即ち単純なる物質的学説を主張する」――諸哲学・宗教への激烈な批判を通して展開する兆民思想の総決算の書「続一年有半」。喉頭癌のため余命一年半の通告を受けた自由民権運動の指導者兆民（1847－1901）の遺著。
青 110-3
岩波文庫
『一年有半・続一年有半』（岩波文庫）

本書は最後を、あと何度か義太夫や人形浄瑠璃を見て「以《もっ》て暇《いとま》をこの娑婆《しゃば》世界に告ぐるを得んこと至願なり」「余いまだ不遇《ふぐう》を嘆ずるを得ざるといふべし」（不遇を嘆くつもりはない）と締める。そして中江は同年12月、食道がんで死去する。

あたかも、朗らかにこの世に手を振って「じゃあサヨナラ」と言わんばかりの病への構え。最後まで病の恐れに屈しない天性の快活さとおおらかさは、もしかしたら硬骨の明治人ならではの矜恃《きょうじ》と、言えるのかもしれない。

祈りを収める小さな函

高見順「なまの感慨」

正直言うと高見順という作家を、あまりよく知らなかった。代表作の一つ『死の淵より』という詩集の存在は知ってはいた。表題の深遠そうな印象が気になる一方で、どこかで手に取るのを敬遠していたのかもしれない。

代表作の大半は小説だった。戦前はプロレタリア文学に近づき、戦後は昭和という時代に翻弄《ほんろう》される人間の姿を詩とは対極の「饒舌《じょうぜつ》体」という手法で活写したとされる。

自らを「最後の文士」と称し、最晩年には日本近代文学館の設立に奔走する。1963年に食道がんと診断されて手術。翌年に文学館設立運動で菊池寛賞を受け、文芸誌「群像」で発表した『死の淵より』で野間文芸賞、65年8月の同文学館起工式の翌日に死去した。

『死の淵より』（講談社文芸文庫）

さっそうとした人だったらしい。死去を受けた「群像」には、親しかった人の追悼文が寄せられたが、作家田村泰次郎は「みごとな演技者」「千両役者」などと評した。

それは深刻さを増す病状を押して、最後まで近代文学館設立に心血を注ぐという劇的な過程、世間から求められる役割を演じきったという強烈な印象があったのだろう。

だが、詩集からは「千両役者」のような演技の見事さとは違う、ナイーブな心情が見えてくる。

追悼文で作家井上靖はこの詩集を「やはり死の淵に立った人のなまの感慨を託したものが多かった」と書いた。一方で、手術した人工食道のシュールさを空から見たインドのカルカッタ（コルカタ）の印象と重ね合わせ、病気の生々しさを詩世界に昇華した「巡礼」という詩を傑作とした。

だが私は、高見が結局は「なまの感慨」、装わない自らの姿を素直に表現せざるを得なかったことに強い印象を受ける。

例えば手術を終えて自宅に戻って書かれた「庭で（一）」という詩は、「祈り」という小さな小見出しと共に「それは宝石のように小さな函《はこ》にしまえる小さな心にもしまえる」とつづられる。

「庭で（二）」では「庭はなみなみと生命にみちあふれている　鳥の水あびのように私はいま草上で生命のゆあみをする」と書かれる。そこで詩は高見にとって、言葉にならないような「祈り」をさらりとしたデッサンで書き留めるような小さな「函」だったのだろうと、痛ましさとともに思われてくる。

無数の死の悲しみを受けて

原民喜　生と死の記憶を胸にたたえ

誰にでも起こり得る病気の訪れと、受け入れる心の葛藤を前回まで見てきた。そこで思う。ならば戦争や大災害による無数の死を、人はどう受け止められるのだろう。そもそも他者が想像することが可能なのだろうか。

原爆文学の古典とされる原民喜の「夏の花」は、言語に絶する広島の惨状を、驚くほど抑制され静けさに満ちた叙事的な文体で叙述する。炎天下の焼け跡は「銀色の虚無のひろがり」に見え、道、川、橋の所々に「赤むけの膨れ上がった死体が配置」される。「すべて人間的なものは抹殺」された「超現実派の画《え》」を思わせると描かれる。

本作を作家竹西寛子は「広島が言わせる言葉」だと言う。広島を語りたがる言葉は多いが、原はそうでなく、広島の惨状そのものを言葉に写し取ったとい

『夏の花』（ちくま文庫）

うのだ。

「夏の花」は被爆数日前に、妻の墓を見舞う場面に始まる。原の妻は前年、若くして亡くなった。原は妻の死を全身で感受し、それが原の被爆地を見る目を支えた。そして原は「コレガ人間ナノデス」と題する詩に、被爆者の姿を「爛レタ顔ノムクンダ唇カラ洩レテ来ル声ハ／『助ケテ下サイ』／ト　カ細イ　静カナ言葉」と記す。

一切の虚飾を排した乾いた叙述は、妻の死の悲しみを通じて、変わり果てた被爆者の悲しみを、全身で受け取ったからなのではないか。

原は短編「鎮魂歌」に「自分のために生きるな、死んだ人たちの嘆きのためにだけ生きよ」と書いた。そして1951年3月13日、東京の吉祥寺―西荻窪間の線路に身を横たえ、自死する。下宿には複数の遺書があり、義弟の文芸評論家佐々木基一に宛てた遺書には「妻と死別れてから後の僕の作品は、それぞれ遺書だったような気がします」と書かれてあった。

私はそこに、妻の生と死、出会った被爆者の生と死の記憶を胸にたたえることで戦後の原が生かされ、そして原なりにこの世を生きさって別れを告げるという、生きることとの相互関連が読み取れるような気がする。

自死の年、広島城跡に原の詩碑が建てられ、今は原爆ドーム近くに移されている。刻まれた「碑銘」という詩の最後の言葉は「崩れ墜つ　天地のまなか一輪の花の幻」。そこに私は、原がこの世に残した、人が生きる祈りを、読み取りたいと思う。

日常の奥底、止まる時間

被爆者にとっての記憶とは

原爆の話を続けよう。作家原民喜の代表作「夏の花」は、被爆後の広島の惨状を描く中で突然、片仮名の詩が挿入される。「スベテアッタコトカ　アリエタコトナノカ／パット剝ギトッテシマッタ　アトノセカイ」――。だがその「ぱっと剝ぎ取った後の世界」とは、被爆者にとって果たしてどんな世界だったのか。

広島平和記念資料館は、市民が描いた原爆の絵約4千点を所蔵している。被爆30年を控えた1974年と翌75年、NHK広島放送局が市民から被爆直後の絵を募集したのが始まりだった。

それを見て驚くのは、被爆からの時間の経過にかかわらず、イメージが鮮烈なままであることだ。絵を描く心の中でその瞬間は過去の出来事でなく、今も止まったままなのではと思わせるのだ。

　原爆の絵の思いを考察するブックレット『「原爆の絵」と出会う』で、被爆者の戦後に寄り添ってきた社会学者で著者の直野章子さんは、被爆者にとって「それまで在った世界が壊れて」しまったのだと考える。死者は大根や黒焦げの炭のように、無数の「モノ」として描かれる。その惨状を被爆者は口々に「地獄」と呼ぶのだという。

　被爆者にとって被爆体験とは「日常」が裂けた地獄だったのだろう。戦後の時間は記憶にふたをする。広島の爆心地は平和記念公園となり、時間はかなたに過ぎ去ったようにも見える。だが被爆者にとって、「パット剥ギ」取られる前の「日常」は、果たして取り戻せたのだろうか。

『「原爆の絵」と出会う』
(岩波ブックレット)

　被爆直後、死んだ幼い娘を自ら焼く絵がある。「元気な子を焼くのだ。気が狂いそうだ。地獄だ」と絵の横に書き添えられる。作者の石風呂環さんはその記憶を30年胸に秘め、絵を描いた数年後に死去したという。

そして思う。被爆者にとっての記憶とは、死者が生きた姿そのものなのではないか。だから時間はそこで止まり、記憶は日常の奥底に潜む。でも実は誰もが、そうした記憶を抱えて生きているのではないか——。

もちろん、広島の記憶が私たちに教えるのはそれだけではない。だが、原爆という人類の巨大な負の教訓も、人が親しい者の生と死に向き合う心の切実さを変えることはない。そのことを原爆の絵から、感じ取れるように思う。

特攻というあまりに特殊な死の形態

戦争による生死の意味

時に、戦争による生死を考える。それは、日常的な生死とどこまで違うのか。昨今は、特攻が自己犠牲の美学のようなものと絡めて語られたりもする。だがその見方は、人が生きる願いにどこまで即しているのだろう。

保阪正康著『「特攻」と日本人』には、特攻隊員の手記が多数、引用される。例えばそこには、迫りくる「死」を「仕事」として、あるいは「無関心」で日々の業務の延長のように受け取る、悲痛な意識の操作がある。

別の手記では「強く立派な捨石を以《もっ》て築かれた土台の上にこそ、大いなる伽《が》藍《らん》は建つ」と記した翌月、面会に来た母を送り「云《い》ひ知れぬ淋《さび》しさがぐつとこみ上げ」、次の瞬間には「俺の背後には日本といふ偉大なものが控へてゐる」と書く。

吉田満『戦艦大和ノ最期』を収める『戦艦大和』(角川文庫)

こうした言葉は軍の検閲を意識して、戦争のかけ声へ自らの心情を近づけようとした、苦渋の選択だったと考えたくもなる。だが、果たしてそうだろうか。戦時下で特攻兵は自らの「生」の意味を、このようにしか納得させられなかったようにも思えるのだ。

一方では、「権力主義の国家は必ずや最後には敗れる」「真理の普遍さは今、現実によって証明されつつ」あるという信念を、軍の目を逃れて書き付けた特攻隊員もいる。だが彼は出撃1カ月前の最後の帰郷の際、両親には特攻隊員とは告げず、故郷の山河に「さようなら」と3度、大声で叫んだのだという。そこに私たちは、特攻というあまりに特殊な死の形態に、個人が込めた、言葉にならない思いを聞き取ることができるだろう。

この「特攻」という経験を抱えた戦後について、特攻艇の隊長として敗戦を迎えた作家島尾敏雄と『戦艦大和ノ最期』の著者吉田満が語った『特攻体験と戦後』という本がある。そこで島尾は特攻経験を「やっぱりおかしい」と考え続ける。特攻は素晴らしい軍人の話とされがちだが、そこに「歪《ゆが》み」がある。戦後社会は「それに惑わされないで」戦争を反省し切れているのだろうか。

島尾は言う。「戦争が終わったときに、大事なことが欠けていて、そのまま何も手をつけずにね、戦後の日本が新しくなった」。そして思う。一人一人の生をかけがえのないものと感じ取れる社会を、私たちはどこまで築き上げているのだろうかと。

原爆から水俣へ

「なぶりもの」にされた人々の現実

「原爆の図」で知られる丸木位里、俊夫妻について考えてみたい。敗戦後、この連作に着手し、作品を全国に巡回することで被爆の現実を伝えた。それは、何万という人の命が一瞬にして消失した地獄絵図を人々の記憶に残す試みだった。だがそれは、どのようにして可能だったのだろうか。

夫妻は位里さんの実家が広島で、被爆直後に広島に入った。だがそこで見た言語に絶する被爆の惨状はしばらく封印し、軍国主義からの解放感が漂う明るい日本を描こうと創作活動を始める。だが肖像画を描こうとしても、人の表情にどこか憂いが漂うのに気づいたのだと、俊さんは著書で振り返る。戦争をくぐり抜けた日本には「拭いさることのできない心の傷」がある。ならば描くべきは「原爆、あの広島の姿」ではないか——。

被爆から3年、原爆は社会から忘れ去られようとしていた。そこで、最初に手がけたのが第1部「幽霊」。着物は燃え落ち、手や顔は膨れ、皮膚は垂れ下がった被爆者がさまよう姿で、それを見た高齢の男性は「絵のなかから孫や娘が出てきそう」とつぶやいたという。人がそこに感受したのは、社会から姿を消そうとしていた原爆の死者の、生きた痕跡そのものだったのではないか。

映画『水俣の図・物語』の DVD（シグロ）

夫妻は「原爆の図」全15部の傍ら、水俣、そして沖縄をテーマとする。「水俣の図」の制作過程を記録した映画『水俣の図・物語』で、俊さんは「水俣はゆっくり起こってくるヒロシマ、原爆なんです」と言いつつ、言葉を詰まらせながら、人々が「なぶりもの」にされていったと表現した。原爆による一瞬の破壊ではない。ゆっくり時間をかけて、有機水銀が生態系を破壊し、人の、生物のいのちを侵す。

夫妻は水俣の患者宅を回り、そして思う。患者たちは「私たちの見えないところで、どんなにものが見えているか」と。そして笑った顔をしても、その奥底に「深い愁い」があると感じる。

それは、社会の日常では意識されることのない、人が生きる現実を、患者たちがどこまで深い視線で見つめ直しているかということだろう。丸木夫妻の歩みとは、その人々の視線にあくまで寄り添い、状況に引き裂かれる人の生の姿をありのままに伝えようとした、試みの過程だったように思える。

「海と陸の精霊」が交歓する世界

悲しみを引き受け希望を胸に　石牟礼道子

画家丸木位里・俊夫妻が水俣病をテーマとした大作「水俣の図」の制作過程を記録した映画『水俣の図・物語』では、（注：２０１８年）２月に死去した作家石牟礼道子さんが夫妻を水俣の各所に案内する姿が映し出される。そこで子どもの頃に遊んだ海につながる湿地帯に２人を連れ、童女のような表情で思い出を語る場面がある。

「人間のいるところと空と海と、その境目にきたような、町に向かってサヨナラと言う感じでね」「キツネたちやら、山の神様、化け物とか、いっぱいここににぎわっていたの……」

もちろんこれは『苦海浄土』で知られる作家独特の感性が感受した、幻想の記憶であることは言うまでもない。しかしその感性こそが、長く黙殺され続け

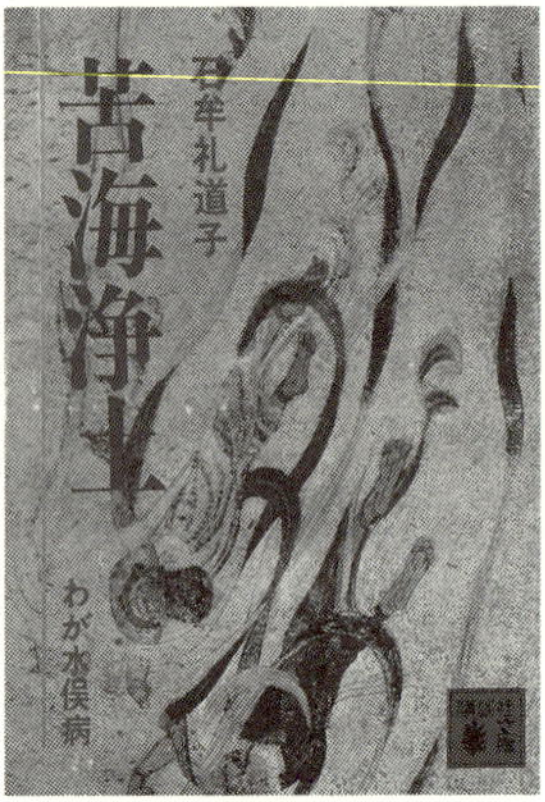

石牟礼道子『苦海浄土』
(講談社文庫)

た水俣病の患者たちの苦しみと涙と憤りに寄り添い、自然を汚染し生き物を殺す近代社会の理不尽さを告発する原点だったことは、間違いのないように思える。

　石牟礼作品はルポルタージュといわれるが、実は患者の言葉の聞き書きでなく、心の内奥を想像で書いた「小説」だと、親しかった近代史家の渡辺京二さんは言う。

『苦海浄土』について石牟礼さんは「あの人が心の中で言っていることを文字にすると、ああなる」のだと、渡辺さんに語った。作中でも患者の「往生できない魂魄《こんぱく》は、わたくしの中に移り住んだ」と書く。渡辺さんはそこに「共同的な感性の根」を見て取る。

　それは石牟礼さんが映画『花の億土へ』で語るように、「海と陸の精霊」の交歓が人の暮らす日常と不可分と実感され、患者も石牟礼さんもその世界を疑わないような共通感覚が、前提となっているのだろう。

水俣には「もだえ神」という言葉があるという。人の悲しみ、痛みを自分の悲しみとして引き受け、そして絶望せず、希望を手放さない存在。それは、自らの生が人々の生と分かちがたく密接に結びついていることを、理屈ではなく実感として感じ取れるからこそ、可能なのかと思う。

水俣湾埋め立て地には、患者らのいのちを見つめるかのように、幾つもの石仏が不知火海に向かって立つ風景がある。そこに私は、生を無残に奪われた患者たちの無念の思いといのちの尊さに、思いをはせたいと思う。

水俣で見えた近代の闇

鶴見和子 「魂」を地域で再生させる「アニミズム」

水俣を巡っては、さまざまな文化人が現地を訪れ、作家石牟礼道子さんも案内役を務めてきた。その一つに、１９７６年に始まった不知火海総合学術調査団の調査がある。そのメンバーで社会学者の故鶴見和子さんは、石牟礼さんとの対談本『言葉果つるところ』で、水俣が社会に何を提示したかを考察している。

鶴見さんは戦後、米国で社会学を学び、近代化論の研究者としてスタートした。そこに水俣病が発生し、自らの学問を問い直すため水俣調査に参加する。だがそこで見えてきたのは、いわば「近代」の闇だった。

「『近代よきもの』と頭に叩《たた》きこまれていた」と鶴見さんは語る。だが水俣は鶴見さんを、近代化への疑問へ導く。「(近代化は) 水俣のようなところは捨て、自然を破壊し経済成長していく。じゃあ人間はどこへ行くんだろうって」

石牟礼さんによると水俣病の発生当初、高度成長の中で工業先進地を目指した水俣市民は、水俣病の被害を声高に訴える患者を敵視した。「元の体を、元の海を返せ」という訴えに、「水俣市民五万近くと（少数の）患者とどちらが大事か」という論理が対置される。

石牟礼さんは「少数の人間を見殺しにして、そんなのが文明かって思った」と言う。鶴見さんにとって水俣は「近代化再検討への開眼」となり、地域独自の発展の在り方を考察する「内発的発展論」へ結びつく。そこで見えてきた地域の独自性とは何だったろう。

『言葉果つるところ』（藤原書店）

鶴見さんは水俣に入ることを「魂入《たま》れ」と呼んだ。「魂」を地域の濃厚な空気に触れ再生させる感覚。鶴見さんはそこにアニミズムを見た。「自分がそこに帰っていく、未分化の大きな生命のつながり」と表現される。

自然と人間の生命が触れ合うアニミズムの世界——。そこで鶴見さんの目に鮮明に映し出されていったのは、大多数の市民を優先して少数者に犠牲を求め、人間の生命を経済価値で計量化できると考える、近代社会のむき出しの実像だったろう。

鶴見さんは95年、脳出血で倒れ、半身不随になる。2006年に死去するまでの闘病生活で、水俣の意味を繰り返し反すうしていくのだが、そこで鶴見さんはどう病と向き合い、死を受け入れていったのだろうか。

病を受け入れ世界へまなざしを開く

鶴見和子　人生の最後を彩る病と歌

社会学者鶴見和子さんが脳出血で倒れたのは、１９９５年12月だった。その夜に見た夢を、鶴見さんは２００４年の最終講演（藤原書店刊『遺言』所収）で「夢が短歌になって体の奥底からあふれ出てくるんです」と語った。鶴見さんは若い頃に和歌を学んだが、その後は研究生活に没頭し歌と離れていた。その歌が、半身不随になった鶴見さんを再び訪れる。だが、歌だけではなかった。ある春の日。車いすからニレの若葉がそよぐのを見て、鶴見さんは自分の体も動くのに気づいた。以前はなかったことだ。「自然と自分が同じリズムで動いている。生きていると実感した」

水俣との関わりにも微妙な違いが訪れる。「水俣の患者さんたちは、人間は自然の一部であると言う。病気になったら、わずかですけれども（そう言う）

『遺言』(藤原書店)

患者さんの痛苦がわかるようになった」
弟で哲学者の故鶴見俊輔さんは、姉が和歌の心で自分の学問に命を吹き込み直し、「身障者として生きる自覚」で人生を最後に彩ったと考えた。

病は鶴見さんの目を世界に向けて開く、きっかけになったとも言えるかもしれない。鶴見さんは歌集『回生』『花道』を刊行。だがその後06年6月、進行がんであることが分かる。鶴見さんの妹内山章子さんは「死にゆく人が何を思って死んでゆくのか記録しなさい」という姉からの指示で、病床日誌を付け始める。

7月25日、病室を訪れた俊輔さんに鶴見さんは「死ぬというのは面白い体験ね。人生って面白いことが一杯あるのね。驚いた!!」と言い、俊輔さんは「人生は驚きだ!!」と応えて笑い合う。

容体が悪化する中、鶴見さんはユーモアを失わず、内山さんの娘は「伯母に悲壮感がなく毅然《きぜん》として、爽快感すら残る」と記した。そして同31日、周囲に

「ありがとう」と言って息を引き取る。遺骨は海へ散骨し、俊輔さんは「アニミズムを自分の哲学として選んだ人にふさわしい」と評した。

歌集『花道』に「生命《いのち》細くほそくなりゆく境涯にいよよ燃え立つ炎ひとすじ」という歌がある。その生涯は、病をも受け入れて世界へのまなざしを開こうとする、絶えざる学びの過程だったのではないか。そして私たちに、生のあるべき姿のひとつを、指し示してくれているように思えるのだ。

未来と関係しない時間の豊かさ

見田宗介　近代のむなしさを超える契機

ここで、近代とは何かについて少し考えたい。水俣で作家石牟礼道子さんが根差し、社会学者鶴見和子さんが注目したアニミズムは、近代の問題性を乗り越える契機とも考えられた。そこで、近代のどんな姿が見えるだろうか。

例えば社会学者見田宗介さんが真木悠介名で著した『時間の比較社会学』では、近代の特徴として「死の恐怖」と「生の虚無」が示される。「死の恐怖」は「生の時間は一瞬」という感覚。「生の虚無」は、現在の意味を未来の結果いかんと考えた上で、人間の最終結果は死であるため、生はむなしいと意識する。

同じ真木名でメキシコ・ヤキ族の世界観を分析した『気流の鳴る音』には、信念のため人生に失敗した老弁護士が「失った四十年は埋めあわせができな

真木悠介『気流の鳴る音』
（ちくま学芸文庫）

い」と嘆く話が出される。だが失った時間は、本当にむなしいのだろうか。

参照されるのは例えば、松尾芭蕉の『奥の細道』の旅だ。旅が目指した松島は滞在わずか1泊で、旅の意味は目的地でなく旅自体にあったとされる。それは未来とは関係しない時間の豊かさが、実際に存在する事例だ。

またBC級戦犯の手記で、死刑判決を受けた後に見る道や小川が、以前は感じなかった美しさで見えてくる事例が挙げられる。現在の意味を未来の結果からの投影で測るのでなく、未来を遮断することで見えてくる目の前の現実の豊かさ！

同書で分析されるヤキ族の世界観では、その感覚は「心のある道」と表現される。人の生の「道ゆき」それ自体が「あふれんばかりに充実して」いるかが問われる。それは、未来を絶対視することで現実の生のむなしさを招く、近代合理主義の対極にある。

　価値があるのは結果でなく、存在それ自体だ。存在は「実在の大地に根をおろす」ことで確かなものになる。自然に根差すことで人の生が支えられる豊かな世界。それが近代という暴力で根こそぎ破壊されたのが、水俣病の意味だったろう。

　近代という世界は、互いに相克する人間の不安をそのまま抱えながら、今も私たちの目の前にある。その限界をはっきりと意識しながらそれと向き合うことが、私たちの生をどう豊かにするかという課題と密接につながっているように私には思える。

世界の奥底の兆し見つめる

宮沢賢治の「天空の地質学」

宮沢賢治は近代詩人では珍しく、宇宙や自然と交感する詩や童話で知られるが、最愛の妹トシを亡くした悲嘆が作品世界の奥行きを深めたとされる。最期の様子を記録した詩「永訣《えいけつ》の朝」の有名な美しい情景は、今なお読む者の胸を打つ。

窓から降る雪を眺め、花巻方言で「あめゆじゆとてちてけんじや」（雨雪を取ってきて）と兄にせがむトシ。賢治は茶わんで雪を取りに行き、死を目前に兄の心を明るくしようという妹の気持ちに気づき心打たれる。

賢治の心からその後も、妹が離れることはない。白い鳥が朝の日光を浴びて飛ぶのを見て「わたくしのいもうとだ」と実感し、妹の面影を追って北へ旅した帰途では車窓から山がかぶる雲を見て「雲のなかに／とし子がかくされてゐるかもしれない」と書く。

そして死者の面影を反すうし続ける喪失感こそが、賢治を近代社会の日常感覚から引き離し、外側に広がる世界の息吹を感知する、卓越した現代詩人たらしめているのではないかと思えるのだ。

社会学者見田宗介さんは著書『宮沢賢治』で、賢治がアインシュタインの「四次元世界」という発想に基づき、過去も未来もその世界の内部に存在し「過去に存在したものが『ない』と感じられるのは、感じ方の習慣の問題にすぎない」と考えていたと推測する。

見田宗介『宮沢賢治』(岩波現代文庫)

例えば詩集『春と修羅』の「序」で賢治は世界の内部に「巨大に明るい時間の集積」、あるいは「透明な人類の巨大な足跡」を見る。それは過去の時間を、現在の空間の中に累積する透明な地層のように感知する感覚だ。見田さんはそれを「天空の地質学」と呼ぶ。

あるいは賢治の詩や童話にはよく「標本」が登場するが、例えば『銀河鉄道の夜』でジョバンニが「蟹の甲らやとなかいの角の標本に固執するのは、不在の父の存在のあかしであるから」と見田さんは考える。

賢治は妹トシの死の翌年、北海道から樺太へ向かう旅に出る。「オホーツク挽歌《ばんか》」など一連の詩に結晶するその旅は賢治にとって、いわば不在のトシの存在を詩人の感性で確かめようとする旅だったのだろう。ならば、世界の奥底に隠されたかすかな兆しを見ようとする詩人の感性とは、どのような広がりを持つのだろうか。

悲しみを通じて見えてくる輝き

自分という存在の「解放への通路」

宮沢賢治の『銀河鉄道の夜』は、いわば賢治にとっての「死と再生の物語」だろう。主人公ジョバンニは父が行方知れず、母が病身で、友人たちに溶け込めず、星祭りの夜も一人、街を見下ろす丘に向かい、遠く走る列車の窓を見つめる。すると「銀河ステーション」という声が響き、親友のカムパネルラとその列車に乗っているのに気づく。

列車は銀河の駅を巡るが、実は死者を「天上」へと送るためと分かる。親友も友を救おうと川の水にはまり、銀河のかなたへ向かうところだった。ジョバンニは「天の川」の果てでカムパネルラと別れ、地上に戻るのだが、賢治はそこに、妹を失い、面影を反すうし続ける痛みを、重ね合わせたのではないかと思う。

『銀河鉄道の夜』（角川文庫）

『銀河鉄道の夜』には、「ほんとうのさいわい」という言葉が出てくる。カムパネルラは友のため自らは犠牲となり、ジョバンニも「みんなの幸《さいわい》のためならば僕のからだなんか百ぺん灼《や》いてもかまわない」と言う。

こうした「自己犠牲の感覚」は、大切な存在を失う悲しみから導かれるのかもしれない。社会学者見田宗介さんは著書『宮沢賢治』で、背景に「自分が生きていることが他者の死を前提としている」という、生きていること自体を「原罪」とする感覚があると考える。そこで徹底して自らを無化することが、その後の賢治の歩みとなる。「雨ニモマケズ」として知られる詩の断片に「ミンナニデクノボートヨバレ／ホメラレモセズ」という一節がある。それは、自分を「無にもひとしいもの」とあえて「宣言」することだ。

見田さんは、自分を無化することが、実は「みえないものをみる力」につながるのだと言う。普段は見えない小さいもの、弱いものの言葉を聞き分ける力――。無化とは自分を抹消するようで、実は自分という存在の「解放への通路」となる。

そしてそれが賢治の、世界を新鮮な「奇蹟《きせき》」としてとらえる感覚、世界のまばゆいばかりの明るさを感知する感覚につながったのではないか。

ジョバンニの「ほんとうのさいわい」とは何だろう。私には分からない。だが、悲しみを通じて見えてくる世界の輝きというものが、確かにあるかもしれない。その可能性を賢治の作品の向こうに、見つめたいと思う。

生者と死者の共生感覚
奥野修司　東日本大震災遺族への聞き取り

民俗学者柳田国男の『遠野物語』に、明治三陸津波で亡くなった妻と出会う男の話がある。体験自体は幻想にせよ、同様の話はほかにもあったろうと思われる。亡くなった近親者に再会したいというのは、全ての遺族に共通の願いではないか。

東日本大震災もそうだった。被災後、「亡き人との再会」とも言える不思議な体験が被災地に広がっていることに、ノンフィクション作家奥野修司さんは気づく。そうした話を丹念にたどったのが著書『魂でもいいから、そばにいて』だ。

奥野さんはそこで、死者に向き合う遺族の物語を聞き取る。亡くなった親族が枕元に、夢に現れるというものから、兄の死後に本人からの携帯メールが届

奥野修司『魂でもいいから、そばにいて』（新潮社）

いたという霊的な体験まである。奥野さんはそれが、現実か幻想かは問わない。いずれの体験にも、遺族の心の現実が、投影されているのは間違いないからだ。

その向こうに見えてくるのが、かけがえのない人を失った悲しみを、死者を思い起こすことで癒やし、生きる希望へとつなげる、遺族の痛切な心の過程と言えるだろう。

ある遺族は、妻と娘の遺骨を納骨せず仏壇に置く。「成仏してどっかに行っちゃうんだったら、成仏しない方がいい」。別の遺族は、亡くなった息子が「私たちのすぐそばにいる」と実感する。夢を見るたび、死者に「応援されているような気がする」という人も。

遺族に共通するのは、亡くなった大切な人の記憶によって自らは生かされているのだという、生者と死者の共生感覚だろう。奥野さんも、いにしえの日本には「あの世」を、現世の「お隣さん」と見るような感覚があったのではと推測する。だがこうした死者の記憶は、現代社会になると、震災の犠牲者を数で換算する合理主義の価値観で、見えなくなってしまう。

ある遺族は、街の復興を「慰霊の場がなくなる」と悲しむという。それは「亡くなった人と共に生きる」場所が、見えなくなるからだろう。震災という巨大な破壊を経て、少しずつ生きる希望を取り戻す遺族が、見いだしていった死者との共生感覚。それは、私たちが生きる社会に死者の記憶を、かけがえのない物語として重層的に含ませるような豊かな可能性を、感じさせるのだ。

死者の実在を身近に感じる思い

若松英輔、柳田国男「日本人の死生観」

批評家若松英輔さんは東日本大震災の前年に妻を病で失った悲しみを胸に、震災でかけがえのない人を亡くした被災者に向け、文章を紡いできた。死者は失われたのでなく、死を悲しむ人の内に実在し、共に生きている——。若松さんは『魂にふれる』などの著作でそうつづりながら、死者の問題が震災からしばらくは正面から扱われず、あたかも封印されたように感じたという。それはなぜだったか。

死者の記憶は現代社会では非科学的な個人の問題とされ、社会が対象化する課題でないという通念があったかもしれない。だが本書によると、被災者の苦しみはむしろ、被災者にとっては今も共にあると感じる死者が、社会から見捨てられていると感じることにある。死者の問題に触れないと「震災の大きな一側面を見失う」と思えるのだ。
　本書は、民俗学者柳田国男が敗戦翌年に刊行した論考「先祖の話」に触れる。日常生活の奥底にある祖霊信仰と死生観をまとめた著作だ。序文で柳田は、敗戦という「この度の超非常時局」によって「曽《かつ》ては常人が口にすることをさへ畏れて居た死後の世界」が「突如として人生の表層に顕《あら》はれ来つた」とした。「死の親しさ」という章では、日本人の多くが「死後の世界を近く親しく」感じ、「国の中に、霊は留《とど》まつて遠くへは行かぬ」と思い、「顕幽二界の交通が繁《しげ》く、招き招かる丶ことが困難で無い」と考えているとした。

若松英輔『魂にふれる』
（トランスビュー）

　柳田は日本が戦争による膨大な死者を前にした事態を受け、日本人の死生観を指摘することで、敗戦による精神的な危機の乗り越えを企図したのだろう。だが死を巡るその感覚は、戦後復興の過程で再び見えなくなる。

そして震災を経て、私たちは同じ課題に直面したのではと、若松さんは問う。それは、震災という出来事の壮絶さを死者数に置き換えてしまうのでなく、それぞれの死者と生者の物語に即し、死者の実在を身近に感じる被災者の思いにどこまで寄り添えるかという、問いかけでもあるだろう。

街の復興とともに、震災の爪痕は徐々に姿を消す。だがその背後に今も広がる、かけがえのない人を失った被災者の悲痛の思いと、生と死の物語の存在に、常に思いを致したいと痛感する。

ありふれた日常的な生活用品だからこそ

生々しい石内都『ひろしま』の面影

大災害や戦争による膨大な死……。それは人間の想像を絶するからこそ、個々の犠牲者の生と死を超えた、黙示録のような巨大な惨禍として抽象化してしまいがちだ。だが、それがやはり人々が感じる無数の悲しみの集積であることに、どう気づいていけるだろうか。

写真家石内都さんにとって、被爆地ヒロシマは長く、遠い存在だった。それは原爆ドームに象徴される歴史的遺産である一方、個人的にはその悲惨さのあまり「不安にさせる」「見たくない過去」だったとエッセー集『写真関係』に記す。

だが2007年、広島平和記念資料館が所蔵する被爆者の遺品を撮影するうち、印象は劇的に変わる。セーラー服、スカート、下着、靴下、時計……。ワ

石内都　写真集『ひろしま』（集英社）

ンピースには花模様、ブラウスには赤い飾りボタン……。それらは「戦争の傷跡」といった従来のイメージとは異なる空気を持ち、それを身にまとった当時の少女らの姿を生き生きと想像させるものだった。

「固定された広島なるもののイメージが解きほぐされていった」と、石内さんは翌年出版した写真集『ひろしま』に記した。遺品は、太陽の「自然の光のもとに連れ出して、忘れてしまった本来の姿」での撮影が意図された。それは被爆した人々それぞれの面影を、身近な存在として想像する試みでもあったろう。

石内さんは、それ以前のシリーズ「Mother's」でも、00年に死去した亡き母の面影をたぐり寄せるようにして、母が残した使いさしの口紅や下着などを写真にした。なにげない日用品が醸し出す、母の息づかいの生々しさ……。「今までそこにいた人がどこにもいない、実体が消えてしまった」という驚きの感覚がこの連作を生み出す。

死者をしのぶ遺品……というより、日常的に使っていたありふれた生活用品だからこそ、亡くなった人の面影が色濃く想像されるのかもしれない。

同資料館によると、今も被爆者の遺族らから、亡くなった近親者の被爆当時の衣類や日用品などの被爆資料が年に数百点、寄贈されるという。そして石内さんは、写真集の発刊後も広島に通う。被爆資料を撮影するため、というよりも、愛らしいワンピースを着て被爆した、70年以上前の少女に会うために……。

生の極限で保つ人間の尊厳

フランクル『夜と霧』の問いかけ

ヴィクトール・フランクル『夜と霧』は、ユダヤ人精神科医がナチスの強制収容所体験を記録した古典的名著として知られる。それが東日本大震災後、静かなブームになったという。それはきっと、人が生と死の極限状況の中で生きる意味をどう確かめ、生の尊厳をどう保つことができるかが、描き出されたためだったろう。

強制収容所は、人間性の悲惨の極限としか言いようがないだろう。人間は単なる番号とみなされ、あらゆる自尊心は剝ぎ取られ、背後にある人間としての来歴、名前、命さえ何の意味も持たず、人間は裸で「息をしている有機体」のようなものとしかみなされない。

そこで生と死は収容所の上官の胸三寸で決まる。何の人間的な理由もなく、運命の気まぐれとしか言いようのないわずかな差が生死を分ける。そこで収容者に訪れるのが「感情の消滅」であり、現実への徹底した無関心なのだと著者は言う。それは収容者が自らの人間らしさを自分で放棄してしまうようなあり方だとも言えるだろう。

だが本書を読んで心打たれるのは、そのような悲惨の極限にありながらも、なお人間の尊厳を保ち続ける収容者の姿だ。例えば日々のふとした瞬間にささやかな祈りをささげ、過酷な労働の合間に目にする夕日の素晴らしさに互いの心を通わせる。そして妻や家族の親しい面影を胸に抱き、心で対話する。著者は別の棟にいる妻を思う。妻が生きているかは分からないが「わたしとともにある」と強く感じる。

『夜と霧』(みすず書房)

そして著者は、人間にとって生きるとは何かという問いを、収容所体験から考察するのだ。

例えば本書は、人は常に「だれかの

まなざしに見下ろされている」と述べる。妻や家族、愛する存在の温かいまなざし……。死の間際もそうだろう。ならば、その視線の前で人は、自らの生を簡単に諦めてしまうことができるだろうか。その視線は人が誇りをもって苦しみに対することを、望むのではないだろうか――。

本書の問いかけは、筆者自身の収容所体験を超え、生と死の局面に関わる全ての人に訴える力を持つだろう。そして私も、人類の悲劇が生み出したこの書の、人間の生に向けた強い思いを、深く胸の底に刻みつけたいと思う。

濃厚に立ちこめる戦争の記憶

目取真俊　忘れ去ることのできない死者の存在

沖縄の作家目取真俊《めどるましゅん》さんの作品は、沖縄戦の記憶が濃厚に立ちこめるものが多い。それは村の共同体の奥底から、ふとした折に表に噴き出す。凄惨《せいさん》な地上戦の傷痕が今も生々しく、社会に刻みつけられているからだろう。沖縄で戦争の記憶は遠く過ぎ去った昔話でなく、今も間近に存在している。それはなぜだろう。

芥川賞受賞作『水滴』は、村の男・徳正の右足が「冬瓜《すぶい》」のように膨れあがり、親指から甘い水が滴りおちるという幻想譚《げんそうたん》。夜になると軍服姿の死者が次々と現れ、水を飲む。一人は、鉄血勤皇隊で徳正と行動を共にしたが被弾し、別れた石嶺だった。

徳正は石嶺を置き去りにしたことに、罪を感じ続けてきた。そして別れの直前、南部へ移動する女子学徒から預かった水筒の水を、乾きに耐えられず一人で飲み干してしまったことを――。

徳正は免れようもない死者への罪責感と共に、戦後を生きる。忘れ去ることができない死者の存在。それは物語の徳正のみならず、沖縄戦を体験した全ての人に共通する思いだったろう。

川端康成賞受賞の『魂込め《まぶいぐみ》』では、沖縄戦で母を亡くした男がある日「魂を落とす」。仮死の体に「アーマン（オカヤドカリ）」が巣くい、体を離れた魂は海岸で海を見つめ、戻ろうとしない。魂が待っていたのは、産卵で浜を訪れるウミガメだった。浜は沖縄戦で男の母が、食糧代わりにウミガメの卵を掘り出すところを、米軍に射殺された場所だったのだ。

『水滴』（文藝春秋）

その死を目撃し、戦後は男を実の子のようにかわいがった女性ウタは、男の魂が母を追うように姿を消すのを見届け「みな海のかなたの世界に帰っていく」と思う。

沖縄では海のかなたの異境を「ニライカナイ」と呼び、死者はそこと現世を行き来すると考えられている。ウタにとっても男の母の死は、心の底で常に反すうする事柄であり続けたろう。

戦後の長い時間の堆積から、戦争の記憶が表に噴出する瞬間――。作品では膨れる足や体から離れた魂がきっかけだったが、現実の沖縄ではどうか。沖縄では広大な米軍基地の存在が、かつての戦争を今も想起させると言われる。ならば基地はどのように沖縄の記憶に影を落としているのだろうか――。

基地の存在のリアリティー

大城立裕と目取真俊の作品から

沖縄には今も、戦争の記憶が濃厚に立ちこめるのはなぜだろう――。そう考えた時、思い起こすのは沖縄戦の傷痕の深さであり、日本本土と全く異なる過程をたどった戦後の姿だろう。日本から切り離されて米軍統治下に置かれ、日本復帰後も広大な米軍基地が残される――。そして基地の存在こそが、沖縄にとって戦争が今も生々しいリアリティーで想起される理由ではないかと思えるのだ。

作家大城立裕《おおしろたつひろ》さんの芥川賞受賞作『カクテル・パーティー』は、復帰前の沖縄が舞台。米軍基地内で開かれる親善パーティーに沖縄出身の主人公、本土の新聞記者、中国人の弁護士、ホスト役の米軍人が集う。そこに、主人公の高校生の娘が米兵によってレイプされる事件が起き、裁判への協力を求める主人公

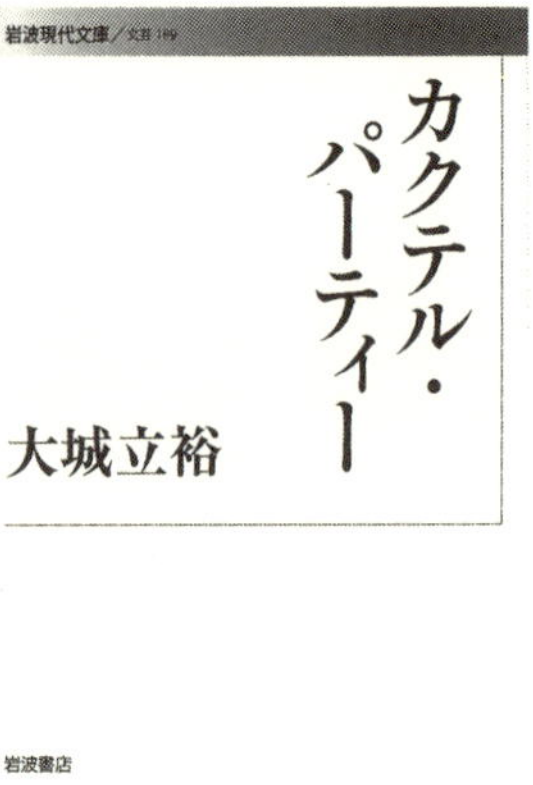

大城立裕『カクテル・パーティー』（岩波書店）

の訴えに、人々は難色を示す。

徐々にあらわになるのが、米軍統治下にあっての米国と沖縄の支配被支配の現実であり、それぞれの戦争の記憶だ。中国人弁護士は、日本兵に妻がレイプされたと語り、主人公は沖縄戦で日本兵が子供を銃剣で突き刺したことを思い起こす。そこで「親善」というベールがはげ落ちていく。

そして復帰後も、沖縄にとっての戦争のリアリティーは、変わらなかったのではないか。

作家目取真俊《めどるましゅん》さんの『眼の奥の森』という作品がある。沖縄戦で起きた米兵による沖縄女性レイプ事件の記憶を、戦後長い時間を経て人々が思い起こしていく物語。戦中の記憶を封印してきた人々が、事件のことを鮮明に思い出すきっかけとされるのが、戦後50年の1995年に沖縄で起きた少女暴行事件だ。

作中の女性はこのように語る。「ああ、沖縄は五十年経っても何も変わっていない。戦争のことを忘れようとして生きてきたことが、何か、とても後ろめたくなってね」

これはおそらく、小説の作品世界を超えて、沖縄に広がった感覚だったのではないだろうか。そして目取真さんは、沖縄に果たして戦後はあったか、という問いを投げかける。戦争が終わった後の状態を戦後と呼ぶならば、それは沖縄にあったのかと。そしてそれが、戦争を遠いかなたの出来事と感じてしまう日本本土への、痛烈な問いかけにもなっていることを、胸深く自覚したいと思う。

戦争とは一人一人の悲惨の記憶

大田昌秀 「生き方の原点」

昨年（注：２０１７年）亡くなった元沖縄県知事大田昌秀《おおたまさひで》さんが最後に心血を注いだのは編著書『沖縄　鉄血勤皇隊』の刊行だったという。沖縄戦直前に男子中等学校12校で組織された部隊で、各隊の最後に至る状況を証言・記録とともにまとめた本だ。大田さんもその一員だった。

後書きに大田さんは、「私の生は多くの学友の血で購《あがな》われた」と書いた。その言葉は大田さんが、生き残った罪の念に突き動かされるように、編集作業に向かったことを思わせる。学友一人一人の死を記録として残すこと。それが沖縄戦体験者の責務と、大田さんは感じたのかもしれない。

大田さんが１９７２年の沖縄復帰直後に刊行した著書『沖縄のこころ』は、大田さんを含む沖縄師範学校の教官と生徒が45年３月末、軍の動員命令で鉄血勤皇隊として徴用されてから、同6月、沖縄戦末期の激戦地摩文仁で解散し、9月に米軍に投降するまでの沖縄戦の諸相が語られる。

　情報宣伝隊に属した大田さんが住民らに伝える戦果発表への不信の目差し、首里への空襲で壊滅する古都の面影、被弾した学友が最後につぶやいた「姉さん」という声、解散後に夜明けの海岸線で見た無数の死体……。そして投降後の捕虜収容所では、大田さんの故郷久米島で日本兵が住民をスパイ視し、虐殺した事件があったことを知る。

　大田さんはこの沖縄戦経験を「生き方の原点」と呼び、戦後を生きる上で常に参照する尺度とした。それが戦後の大田さんを、学者として近代沖縄研究に、沖縄県知事として基地問題に向かわせる動機となっただろう。

大田昌秀『沖縄　鉄血勤皇隊』（高文研）

　その大田さんが県知事として取り組んだ仕事に、「平和の礎《いしじ》」の建設がある。沖縄戦全戦没者の名を国籍を問わず、軍と民の区別もなく刻む慰霊碑。そこに読み取れるのは、戦争は国と国の物語ではなく、一人一人の悲惨の記憶であり、勝者も敗者もないという考え方ではないか。そして悲惨を繰り返さない誓いが慰霊の真の意味だと……。

そして「平和の礎」が除幕された95年6月23日から2カ月余を経た9月、沖縄が憤りのるつぼと化した少女暴行事件が起きる。大田さんはこう思ったのではないだろうか。沖縄の悲惨は、果たして過去の話になったのだろうかと。

今を問い直す沖縄の現実

他人の苦しみを自らのものと感じる心

「軍隊のない、悲劇のない、平和な島を返してください」。1995年の少女暴行事件を受けた沖縄県民大会で、当時高校3年の仲村清子《なかむらすがこ》さんが語ったあいさつの一節だ。大会は主催者発表で8万5千人が参加。日本復帰後で空前の大規模集会となり、その後続く沖縄の政治的激動の始まりを告げたと言えるだろう。

その言葉は沖縄の人ばかりでなく、本来は誰もが求める人間共通の願いと思える。だがそれをあえて声を上げて言わなければならないことが、沖縄の状況を表している。

県民大会で当時の沖縄県知事大田昌秀《おおたまさひで》さんは、平和な沖縄を目指す傍らで起きたこの事件について「心の底からおわび申し上げたい」と語った。大田さんは限られた言葉に、痛恨の思いを込めただろう。だが沖縄では基地の重圧は変わらず、そのいらだちは例えば「怒」と大書されたプラカードなどに表されていく。

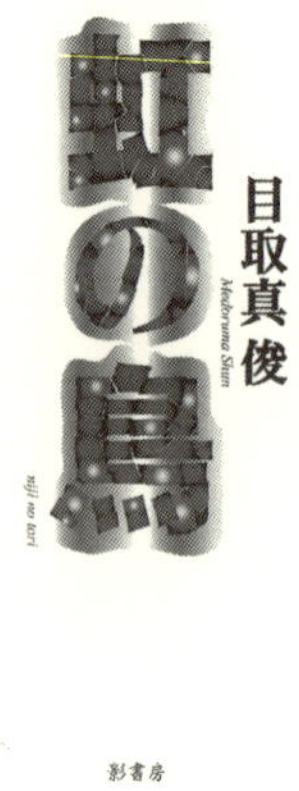

目取真俊『虹の鳥』(影書房)

作家目《め》取《どる》真《ま》俊《しゅん》さんの『虹の鳥』は、基地の島に住む若者の圧倒的な無力感と暴力への衝動を描いた作品。主人公の若者は、米軍基地の金網から自分たちが抜け出せず「泥沼にはまり込んでいる」ように感じる。そして県民集会に集まった空前の人の渦を見ながら「何も変わらんさ」とつぶやき、米兵の子どもに対する暴力を時に幻視する。

作品について目取真さんが「沖縄が何を言っても無駄なんだという、すさまじい無力感がある。その心情は熟した実が落ちるように、いつ暴発するか分からない」と話していたのを思い出す。

それは大田さんが言う「沖縄の心」が何度となく裏切られていった歴史をも

指すだろう。大田さんはその心を、例えば「肝苦《ちむぐ》りさ」（胸がいたい）という言葉で説明する。それは他人の苦しみを自らのものと感じる共生の感覚だ。だが私たちの歴史は、その沖縄の心を踏みにじっていった過程ではなかっただろうか。

一昨年には米軍属による女性暴行殺害事件が起き、抗議の県民大会で被害者と同世代の玉城愛《たまきあい》さんは「幸せに生きるって何なのでしょうか」と問いかけた。「生きる尊厳と生きる時間が、軍隊によって否定される」。そんな社会を生み出しているのはいったい誰なのか。沖縄の現実は、今を生きる私たちのあり方を、問い直している気がしてならない。

ベラボーなものを核に
岡本太郎の「殺すな」

「生きる」ということを考え、どこかで思い浮かぶのは、画家岡本太郎が揮毫《きごう》した「殺すな」という言葉だ。１９６７年4月3日、「ベトナムに平和を！市民連合」（ベ平連）が、米紙ワシントン・ポストに出した意見広告にこの３文字が使われ、その後の反戦運動のシンボルともなった。

広告は上半分に岡本さんが雄渾《ゆうこん》な筆致の日本語で「殺すな」と大書し、下に英語の「日本国民とヒロシマの声」を配する。私は岡本さんの文字が持つ強い印象を感じながら、「芸術は爆発だ！」の名文句で知られる芸術家がどんな思いで反戦運動へかかわったのか、と思ってきた。それが岡本さんの芸術の原点、生きる原点とも結びついているのでは、と思えたのだ。

岡本さんに復帰前の沖縄を取材した『沖縄文化論』という著書がある。描くのは、画一化された近代日本人と異なる、「隠れた生命力」に満ちた沖縄の姿だ。沖縄的なものを窒息させた明治以降の施策の愚劣さや、沖縄戦に至る日本軍の非人間性を告発しつつ、岡本さんは「近代的時間のシステムにまき込まれていない、悠々とした生活が生きている世界」を沖縄に感じ続ける。それは岡本さんの芸術の核にもなった感覚なのではないか。

70年の大阪万博で岡本さんが手がけた「太陽の塔」は、「人類の進歩と調和」という万博のテーマに反発し、「近代主義的な意識をぶち破らなければ」と思った結果だ。「ベラボーなもの」が目指された。近代主義の枠とも言うべき大屋根を穴を開けてぶち抜き、怪物のような顔がニョッキとのぞく異様な姿ができあがる。それこそ、岡本流の現代批判の形だった。

そしてそこから私は「殺すな」のイメージを考えたいと思うのだ。岡本さんにとって「殺すな」と叫ぶのはベトナム

岡本太郎『沖縄文化論』(中公文庫)

の民衆、ヒロシマの被爆者ばかりでなく、沖縄の自然と文化でもあり、さらには「太陽の塔」という名の異形の存在でもあったかもしれない。異形の存在は進歩の流れでかき消えようとする。だが、その生命力を私たちが生き直すことはできないかというのが、岡本さんの隠された問いだったのではないか。岡本さんはそこで、もう一つの「生の根源的なあり方」の可能性を、私たちに指し示しているようにも思えるのだ。

歴史を生きる一人一人への洞察と共感

その一方で、吉村昭の衝撃的な選択

吉村昭さんという作家には、いつのころからか、ひそかに畏敬の念を持ち続けてきた。歴史の中にいる人物の運命を、抑制的な凝縮された文体で、彫刻家のようにくっきり彫り出していく。例えば『関東大震災』という作品は、1923年の震災そのものが主人公と言うべき作品だが、惨状の再現を読むうちに見えてくるのは、歴史の激動にある人間の素顔とも言えるようなものだろう。

吉村さんの作品は、記録文学ともされる。だが私には人間一人一人の「生」についての深い洞察と共感が、そこに埋め込まれているように感じる。だからこそ、吉村さんが選んだ衝撃的な死の選択は、今でも考えさせられてしまうのだ。

妻の津村節子さんは小説『紅梅』で、吉村さんの最期の日々を作品化した。2005年舌がんが分かり、翌年に膵臓《すいぞう》がんも見つかったが、手術で舌がんも完治させ、膵臓は全摘。だが自宅療養を始めた06年7月31日未明、自ら点滴のカテーテルを外し死に至る。

　ある朝、吉村さんは久しぶりにコーヒーとビールを口に含み「うまいなあ」と言う。その夜、カテーテルの管を外し、胸に埋め込んだカテーテルポートを引き抜き「もう死ぬ」と娘に告げる。

　駆けつけた看護師が、元に戻そうとすると、激しい力で抵抗したという。津村さんはそこで「夫の強い意志を感じた」。そして看護師に「もういいです」と涙声で告げる。覚悟の死だったろう。津村さんにそれは分かった。だが、なぜか。

　吉村さんの遺作となった『死顔』という作品がある。病気で死に臨む次

吉村昭の最期の日々を描く
津村節子『紅梅』(文春文庫)

兄を見守る主人公の心象風景をつづる作品で、中に延命治療について「人為的に生かしておくのは酷ではないのだろうか」「（本人の）意志は無視された形になっている」と考える場面がある。

死にゆく者の意志——。吉村さんが考えたのは、それだったのかもしれない。歴史の中にある人間を見つめてきた吉村さんだからこそ、そこに人間の意志を思ったのかもしれない。だがやはり、しかし……と思いたいのだ。人間へ微笑に満ちたまなざしを送ってきた吉村さんだからこそ、歴史の中ではまさに小さな人間の生きる姿を、もっと私たちに見せてほしかったと思えてならないから。

揺るぎない生命の姿

西部邁の自死いざなう徳義の思想について

少し自死について、考えたい。前回見たように、作家吉村昭さんは闘病の末に自宅で自らカテーテルを抜く。生と死のあわいに立った、人として最後の選択だったろう。だが、やはり思う。それでも生きることはできなかったのだろうかと……。そして人が自死を選ぶ時、生きる以上の何を求めるのか、とも思うのだ。

今年（注：2018年）1月に自死した評論家西部邁《にしべすすむ》さんは、生前から自死の可能性を公言し、昨年末刊の『保守の真髄』でも「病院死ではなく自裁死を選ぶ」とした。現代社会で「自然死」は実は、治療の末に病院で死に至る「人工死」であり、それを望まないという論旨。チューブを全身につないで延命する病院死を忌避する心情は分かる気がする。だが「自裁」を選ぶ論理は、もう

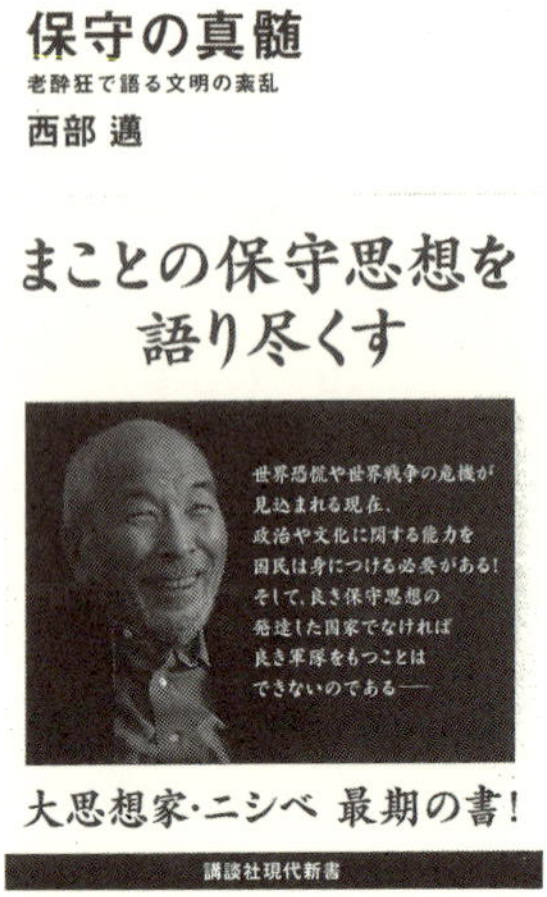
保守の真髄
老酔狂で語る文明の紊乱
西部 邁
まことの保守思想を語り尽くす
世界恐慌や世界戦争の危機が
見込まれる現在、
政治や文化に関する能力を
国民は身につける必要がある！
そして、良き保守思想の
発達した国家でなければ
良き軍隊をもつことは
できないのである――
大思想家・ニシベ 最期の書！
講談社現代新書
西部邁『保守の真髄』（講談社現代新書）帯は西部氏

一つの飛躍がある。

西部さんの自死に関する文章を死後にまとめた『西部邁　自死について』には、「生命は徳義を実現するための手段にすぎない」という考え方が出される。それが『人間』として死ぬか『動物』として死ぬか」という問い、そして戦後社会批判ともつながる。

つまり西部さんにとって戦後とは「生き延びること」に最大の価値が置かれ、「意義のある生」「徳」を見失った「弛《ゆる》んだ平和な時代」だった。そこで生命至上主義のみがヒューマニズムとして称揚されることへのいらだちが、西部さんを「自裁」へといざなったとも見えるのだが、やはり私はそこでつまずく。生命を超える「徳」とは、何なのだろうかと……。

やや唐突かもしれない。だが私はどこかで、作家北条民雄《ほうじょうたみお》が代表作『いのちの初夜』で、ハンセン病療養施設の患者の様子を記した有名な一節を思い出す。主人公は施設入所を前に何度も自死に失敗し、入所して同僚からこの言葉を聞く。「人間ではありませんよ。生命です。生命そのものなんです。僕らは不死鳥です。再び人間として生き復《かえ》るのです」

もちろんハンセン病を巡る状況は今は違う。だが北条がそこで感受した、人間が生きるぎりぎりの重みは、変わらないと思う。すべてを剝ぎ取った、いわば人間の、裸でありつつ揺るぎない生命の姿が、そこに表現されていると私は思う。そして人がただ「生きる」ということそれ自体の尊さを、感じ続けたいと思うのだ。

「美しい死」「ロマン的な死」
過剰な意味付けを超える「生そのもの」とは

時に思う。世に美しい死、というものが果たしてあるのだろうか。そう考えるのは例えば、骨髄異形成症候群で死去した米国の批評家スーザン・ソンタグが、病気の象徴的な意味について考察した『隠喩としての病い』で、結核をそう位置づけたことからの連想かもしれない。

ソンタグは病気の比喩の使用例を分析し、結核を「ロマン的苦悩」の象徴とした。作曲家ショパンをはじめ、結核は繊細さや感受性を表す「病める自我の病気」だった。がんが「魔性の敵」、「絶対の他者」の侵略とイメージされ、「腫瘍の侵略」など治療も往々にして戦争用語で語られるのと比較すると、際だった対照と言えるだろう。

なぜそんな違いが生じるかは分からないが、例えば堀辰雄の名作『風立ちぬ』の印象も、描かれる病が結核であることに関わるかもしれない。病の婚約者を伴い山麓のサナトリウムで過ごす日々、共に生きるいとおしさと死への予感に満ちた静かな時間が流れる。全編の静けさを支えるのは常に変わらず吹く山麓の風の透明感と思えるが、作品の美観には病の印象も寄与しているだろう。

　結核は一例に過ぎないが、美しい死、ロマン的な死がどこかで、人の憧れを誘うとしたらどうだろう。明治期の一高生藤村操が栃木県の華厳滝で、傍らの木に人生の「煩悶《はんもん》」を「不可解」と書いて投身自殺したことは、「煩悶青年」の自殺として当時の社会現象となり、後を追う者が続出したという。美しい死、ロマン的な死が懸念されるのは、死に過剰な意味付けが施され、美化され、それが人を動かす力を持ってくる場合があるためだ。

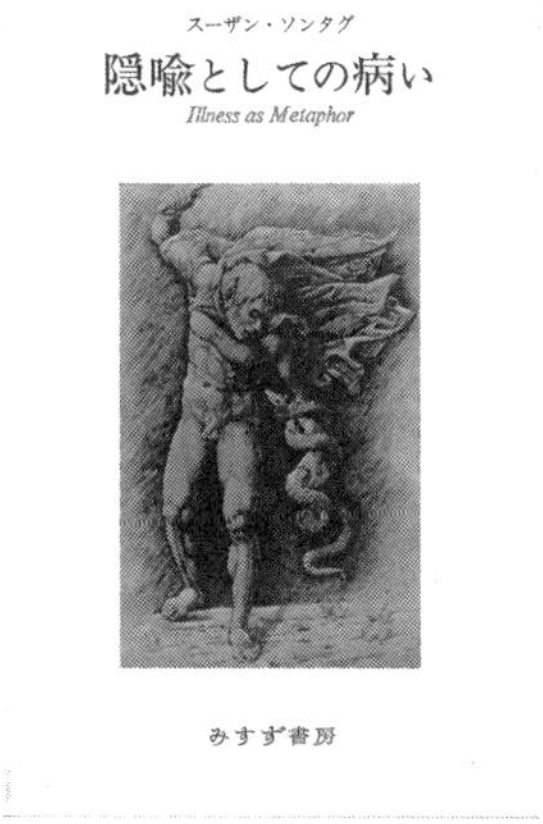

スーザン・ソンタグ『隠喩としての病い』（みすず書房）

　言うまでもないが、桜の事例がそうだろう。古くは美しい無常感が歌に詠まれたが、明治以降に軍国主義と結びつく。軍歌「同期の桜」では兵の死が散る桜の美しさと重ねて強調され、特攻隊名に桜が使われる。戦死は「散華《さんげ》」、つまり文字通り「華と散る」を意味する言葉で美化される。

その反省から始まったのが戦後社会ではないか、という問いがある。重要なのは意味付けを超えた「生そのもの」だ。例えば作家小田実さんは、若者を戦争に投入する磁力ともなった「散華」に、意味のない死を表す「難死」という言葉を対置させた。そこで見えてくる戦後の死生観とは何だろう。

見えなくなった「難死」

米国の視点に染まる中で

思えばもうしばらく前の話になる。戦後60年の取材で、哲学者の鶴見俊輔《つるみしゅんすけ》さんが作家小田実《おだまこと》さんについて「空襲の下からの視座、アジアの視点に立ち続けた」と評したのを思い出す。小田さんは1945年8月14日、敗戦前日に大阪の空襲を体験し、それが戦後の小田さんの原点となった。

鶴見さんは小田さんの視点を、米国大統領が見る航空写真、いわば「大統領の地図」の対極にある、空襲の「目の高さの地図」と呼んだ。そして敗戦から時間を経て戦後日本の視点そのものが「大統領の地図」、米国の視点に置き換わってしまったと指摘した。それは小田さんがつかみ取ったような「目の高さの地図」を、社会がいかに急速に忘れ去ろうとしているかという、鶴見さんなりの強烈な危機感の表れでもあったろう。

小田実『「難死」の思想』
（岩波現代文庫）

小田さんの考え方は65年の『「難死」の思想」という文章で、例えばこう述べられる。「あれこそ、もっとも無意味な死ではなかったろうか。すでに敗戦は確定していた」。だが「散華《さんげ》」と呼ばれる特攻隊員の死に対し、空襲の死は「いかなる意味においても『散華』ではなく、『難死』であった」とされた。実際に小田さんが空襲下の防空壕《ごう》で過ごす間に、おびただしい数の人間が殺された。敗戦前日だった。

敗戦で一度は失墜した「散華」の価値は、社会が復興するに伴い見直されていくのだと、戦後20年の世相について小田さんは記した。「理念やロマンティシズム」に介在された死——。その「美意識」が、「難死」の意味を考えることから始まった戦後リベラリズムさえも「ヌエ的存在」としていくのだと、小田さんは当時の世相を見て取った。

だが私は、そこで思わず考えたくなる。ならば今の社会は当時の小田さんが見た時代状況と、どう違うのだろうかと。

「難死」は既に遠くに見えづらく、「散華」は逆に美しさを増し、空襲の「目の高さの地図」もリアリティーを消失しつつあるかに見える。その地図を手に最後まで揺らがなかったのが、戦後思想を一身に担った小田さんならではの姿だったのかもしれない。そして今、改めて思うのだ。もしや鶴見さんが恐れたように、日本が既に「大統領の地図」に染まってしまっているのだとしたら……。

未完の平和主義に徹すれば……

小田実　死への不安と無念を胸に

私が作家小田実さんの病室に招かれたのは、2007年6月初めだった。末期がんと闘う小田さんの病床に、何度か取材を兼ねたお見舞いにうかがった。「数字が余命いくらと決まっているわけよ。今ならしゃべれるからあんたを呼んだ」。その2カ月後の7月30日未明、第1次安倍晋三政権の自民党が参院選で歴史的大敗をした直後、小田さんは75歳で亡くなった。

小田さんの面識を得たのは、その2年前の戦後60年企画だった。兵庫県西宮市のご自宅におじゃまし、空襲の記憶と阪神大震災の被災の記憶を重ねてうかがった。それを今思い出すのは、小田さんが求めた戦後の平和主義が、果たして実現されたのかと考えるからだ。

病室で小田さんが語ったのは「小さな人間」の平和だった。大きな政治の流れを市民が見て「日々の世直し」を行う。小田さんは市民を「小さな人間」と呼んだ。市民が未完の平和主義に徹すれば日本は世界を変えられると訴えたが、果たしてそうなっただろうか。

前回見たように、小田さんが日本の平和主義の原点に位置すると考えたのが「難死」の思想だった。小田さんが大阪空襲で見たのは、市民が逃げ惑った末に殺される無意味な死で、それは美しい死の幻想で人を戦争に赴かせる「国家原理」への、対抗軸になるはずだった。だが平和主義で被害者体験が強調され、戦中の加害体験の自覚が曖昧になると、平和思想がその内実を失う危機感があったのではないか。小田さんがベトナム反戦運動など、さまざまな市民運動を自ら率先したのは、そのためだったろう。

それを小田さんは、死を前にした病室でも考え続けたと思う。何日か後、作家瀬戸内寂聴さんが病室にお見舞いに来た。お願いし、同席させていただいた。瀬戸内さんの「小田さん、ちょっともったいないよねえ」というつぶやきに、小田さんは半ば冗談交じりの口調で「残念だよ。(せめて)あと2年ぐらいでいいよ」と答えた。

あと2年……。小田さんがそこにどんな具体的なイメージを込めたかは知らない。だが私には明るい率直さで語られたその一言に、逃れられない死への不安と無念、刻々と過ぎ去る時間へのやるせなさなどが、感じ取れるように思えたのだった。

個人の実感を通じて見える歴史

小林秀雄の歴史観を参照しながら

批評家小林秀雄の文章は、硬質で凝縮された言葉をかみ砕くようにして長く愛読してきたが、歴史について語りながらかけがえのない子を亡くした母親の悲しみについて触れた文章が、なぜか鮮明に思い出される。

それは『ドストエフスキイの生活』の「序」で書かれていて、歴史は客観的だという一般通念に疑問を呈した上で、「過去が生き生きと蘇《よみがえ》る」ことがあるなら、それは母親が亡き子の「ささやかな遺品と深い悲しみ」を基に面影を想起するのと同じだと述べられる。

また「無常という事」でも、歴史は記憶するだけでなく「心を虚《むな》しくして」思い出すものとされる。そして「過去から未来に向って延びた時間という蒼《あお》ざめた思想」が、現代の「最大の妄想」とされるのだが、その文脈を改めて思い

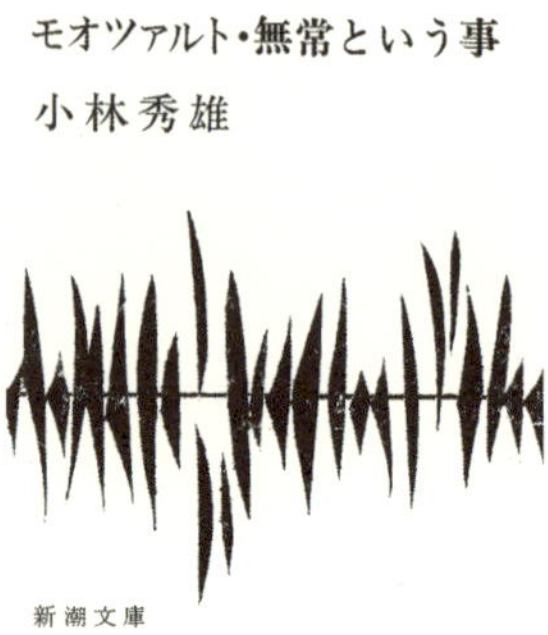

『モオツァルト・無情という事』
（新潮文庫）

出すのは、歴史とは生きた一人一人の喜びと悲しみの集積であるという考えが、批評家の思考の核に揺るぎない確信としてあるように、思われるためだ。

　小林は未完に終わった「感想」という文章を、母の死の追想から始める。その数日後、夕暮れ時に外に出て大きな蛍を見かけ、「おつかさんは、今は蛍になつてゐる」と思う。その後、泥酔して寝込んだ駅のプラットホームから転落し、傷一つなく助かり、小林は「母親が助けてくれた事がはつきりした」と書く。

　一般にはありふれた霊体験とされそうな話だが、小林も当然そうと知りつつ、だが注釈はせず、実感を淡々とそのまま受け入れる。それはその実感がそれだけ、小林にとって揺るぎないものだったということだろう。

　また小林は若いころ、親交があった詩人中原中也の死を見送り、詩を書く。

「僕の見た君の骨は／鐵板《てっぱん》の上で赤くなり（中略）最期の灰の塊《かたま》りを竹箸の先《さ》きで積《つも》つてはみたが／この僕に一體《いったい》何が納得出来ただらう」。その死は小林の奥深くに根を下ろし、小林の批評を宿命づけたろう。

　そして私も歴史とは、個人の悲しみの実感を通じてこそ、ようやく見えてくるのではないかと思うのだ。この連載は生と死をめぐる文化人の体験に始まり戦争や大災害の惨禍まで、悲しみの実感に即しながら見つめてきた。連載はいったん終えるが、いずれ稿を改め、より広い視野を想定しつつ、人の生と死を考えていきたい。

日記（金子康代編）

※本稿は２０１７年１月から（一部２０１６年分を含む）の金子直史の日記を編集したものである。日記は複数のノートや手帳に記されていたが、これを時系列に整理した。表記等はできるだけ原文を尊重したが、明らかな誤記・誤字は訂正した。〔　〕内は編者のコメント。プライバシーに配慮し、一部人名をイニシャル表記、敬称略とした。

〔大腸がん再発前後、２０１６年の病気に関する記述を抄録する〕

〔２０１６年〕２／４金曜

〔1月15日に発生した「軽井沢バス事故」により多忙〕長野日赤で検査〔を希望〕

エコー、ＭＲＩ受診→2月26日結果。

２／26金曜

〔長野日赤の結果により→渋谷の日赤で精密検査をするように指示あり〕

〔多忙により予約、キャンセルを繰り返した様子〕

４／１金曜

10時30分、渋谷日赤予約。

４／25月曜

長野日赤、渋谷日赤〔メモ〕

〔5／13、17、23、手帳にチェックがあるが受診したか不明〕

23日赤〔とメモ〕

５／30月曜

渋谷日赤ＣＴ。

６／２木曜

渋谷日赤ペット検査。〔この間日帰りで長野東京往復。そのため、康代は渋谷の日赤医療センターで検査をしていることを知らない〕

6／6月曜

ペット検査結果〔を知るため〕、長野から日帰り。

6／9木曜

〔康代、初めて本人より大腸がん再発を知らされる。治療方針や会社へ伝えることなど相談される〕

〔7月～9月にかけて、術前の抗がん剤治療で頻繁に長野東京往復〕

10／6木曜

〔渋谷の日赤医療センターにて12時間に及ぶ手術〕

11／16水曜

〔退院、自宅療養〕

〔2017年〕
ある時「これはなんだ？　いったい何だ？　悪夢か？」と思った。たしか2017年1／6以降7、8、9あたり

〔1／6の告知の状況〕
とにかくこの1／6から。もう少し言えば年末の、12／28から全てが始まった。まず、12／28の腹のドレーンを外し、経過が良好かをこの日午前、主治医が診察。そこで、朝食をとってない旨を言うと、ならば造影剤を入れたCT撮影をしようとなった。CT撮影。大腸切除やその周辺の再々発はないですね。主治医はそう告げる。ならば、オペ直前に執刀医から告げられた肺の影は？と聞いた。主治医が、その部分を見た。「あっ、ありますね」。どんな状況かと素朴に思い、「どんな感じでしょう」と聞いた。「まあ、何もしなかったら1年。処置をして、2年？…3年かな？？」。
おれは思わず、耳を疑った。

1／2日曜
鶴ヶ岡八幡宮…康代と〔健康守を〕
1／3火曜
信濃毎日新聞新年会
1／6金曜
9：30執刀医診断→〔正式な余命宣告、康代同席〕

ドツボに→放心状態、恵比寿〔サンマルクカフェで話す〕
→〔その後一人で〕広尾図書館へ
図書館で3、4時間、〔職場へのメール〕報告文を書くに書きあぐね、週明けに。
広尾有栖川図書館→夕方帰宅　状況報告 mail は週明けに

1／9日曜〔頃〕

…中江兆民「1年有半」→文豪と病気

1／10火曜

朝一で局報告メール　早朝　状況社メール

1／11水曜

京橋図書館→発熱…化学療法の影響

1／12木曜

13：30執刀医受診 発熱38・4

近代美術館、葉山　発熱→〔少し下がったのか、康代気づかない位に元気なそぶり〕

葉山の近代美術館はとてもすてきなところだった。まっさおな海に臨んだ建物で、宮迫千鶴夫妻の美術展が催されていた。赤や黄の原色の多い絵。スタイリッシュなオブジェの数々等。それぞれお気に入りの作品の前で写真を撮ったな。ほんとうに素敵な美術館だった。そして景色もすばらしかったな。真っ青な富士山！　海の向こうにくっきりと見えた。レストランはしばらく待ったな。だけど眺めのいいレストランだった。頼んだのはシーフードカレーと何だったかな？　おいしかったよ。

美術館の前に雌雄の人形というか、こけしみたいなのもあったな。

なかなか可愛いオブジェでさ。〔亡くなった後書斎から見つかった康代や娘宛ての回顧録ノート……以下回顧録〕

1／13金曜
夕方〜ドコモ　から携購入　夜　ミートソース〔娘たちと一緒に作る〕

1／14土曜
中野 FAKE の映画　文化新年会

1／15日曜
終日逗子、朝、ハイランド公園より富士山望む　昼、ネパールカレー

1／16月曜
渋谷ウィッグやへ　康代と（センター街　沖縄そば　ゴーヤチャーハン）

1／17火曜
出社　13〜　産業医報告（昼から社）
オペは成功／患部再発なし／肺にかげ／事後予防処置

1／18水曜
9：30日赤受診→日比谷図書館　八重洲ブックセンターで、中江兆民など購入

1／19木曜
10：30ウィッグや二回目、昼から社へ
16〜産業医面談〔復帰の件〕
夜、八重洲ブックセンターで高見順など購入

移行データあやまって削除　ドコモ、SDカードリーダー古い携帯も持参

1／20金曜

朝から出社

1／21土曜

世田谷〔実家〕～夜帰宅

1／23月曜

午前、熱っぽく12～18勤務

1／24火曜

沖縄関係取材（仲里効）

1／25水曜

日赤主治医受診

夜　社の懇親会

1／27～29

入院、抗がん剤入れるためのポート埋め込み術のため

1／30月曜

退院　症状　こえのかすれ、口内炎、鼻血

1／31火曜

状況報告、特にせず　10：30～17勤務

2／2木曜

10：30～13　このままで言い逃れすることの迷い。すること。何をするか。かなりの迷い。職場で手付かず。→2／6の状況報告〔をどうするか〕→与えられているミッションなく、27、30の入院とその結果により、〔社は〕完治報告がなされるのを待っており、それを受けてミッションを与えるつもりと推測できた。しかし、完治報告はできない。ならば、日々何をしていれば、職責を果たしていることになるのか――ということ。

2／3金曜

社を休み←病院問診の名目

2／4土曜

終日　家族で三崎へ。夜、お好み焼き

とてもいい天気でした。葉山を通って、森戸神社に寄ってみました。ものすごいくっきりと富士がうかびあがっていました。青い海の向こうに。「うわっー！　すてき！」って、ゆい〔長女〕は言いました。…森戸神社ではおまいりをしました。二回手を打って二回拝礼したけど、あれでよかったかな。…景色は刻々と変わり、でもすべてとにかくきれいでした。…城ヶ島公園を歩いたら展望台から見えた芝生でほんとにちっちゃな女の子が赤い服を着て、コロコロとサッカーみたいにボールを転がしてお父さんと遊んでいました。パパはそれを見ながら、ちっちゃいころのお前らと鎌倉霊園の芝生でサッカーをしたのを思い出しました。お前もそれを覚えてたよな。〔交換日記〕

2／5日曜

11時～上郷森の家のサウナへ〔康代と〕

15～ゆい、スタバへ。バイトの姿をはじめてみる。夜、カシミールカレーを作る。

お前はおまえならではのさわやかな笑顔と、よく通る声で「今、キャラメルマキアートお作りしてまーす」とか言いながらてきぱきとお客さんの注文したコーヒーを作っていました。とても楽しそうにお仕事しているのでパパはうれしくなってしまいました。今度、パパと時間があったら、港南台でお前が終わる時間に待ち合わせていっしょに帰ろうか、という話もしました。〔交換日記〕

2／6月曜

10：30～11　社へ状況報告　この状況報告で、肺への微量の転移、化学療法がしばらく続くことを含んでもらいたい旨、そして、ライターへの復帰希望を伝える。15時～ファイル整理購入

2／7火曜

夜　快気祝い　新橋　茶づけや「かじや」、声がかすれる。文化部話で快調に進む。さしみ、ゆば、つみれ、くさや　……。ビール、日本酒、ノンアル交える。（中略）治療がやや続いている旨を告知。
ＢＳ「漱石１００年アジアへの旅」〔黒川創〕

2／10金曜

日赤外来点滴初日。８：30～16〔手術後初めての抗がん剤使用〕
フォルフォックスとアバスチン　毛髪が抜けることを心配してこの選択。但し、血圧上昇と鼻血の副作用が見込まれる。
雪ぱらつく　京橋スタバへ寄る
ＥＴＶ「漱石がみつめた近代」〔黒川創〕

2／11土曜祝

夕方まで家に、康代と昼そばや〔真庵〕
康代少し熱、ゆいバイト先に送って100均のみで帰宅

2／12日曜

点滴外す〔抗がん剤ポートからポンプは自分で外す〕
御茶ノ水明大での黒川創講演を聴きに。取材先、おれの髪の短さに、びっくりした様子。
昼はカレー、ネパールカレーは混んでいて隣。

2／13月曜

産業医との面談を今週に早める

2／14火曜

朝の透明な光
患者はある日から、光をいつくしんでいくという。
しかしおれの場合は以前から、以前感じていたのと同じ光が目の前にある。何も変わらない。

2／15水曜

子供たちに「がんだけど必ず治るよ、大丈夫‼」のままでいいのか――。一月半ば、そのように言った子供たちは目に見えて変わってきている。おれといる時間を大切に思い始めている。どこかで気づいているのか――。いつ何をどのようにいっていけばいいか――。迷う。

昼から日比谷図書館早め帰宅
それにしても、全ては対していくべき状況として、頭では想定しているが、腹には落ちてきていない。

日常は日々、変わらず平穏にすぎ、街はいつもと同じ明るい光に満ちている。そこで目覚め、食べ、飲み、笑っている。おそらくは、それはずっと変わらない。

病気とは何だろう。きっと、今できていることが、できなくなることだろう。今は当たり前のことができなくなり、多分、その中で楽しもうとするだろう。

子規の病牀六尺のように。そのうち、呼吸さえもがしにくくなることになったら。さすがにそれは苦しいから、むしろ自ら、その苦しさを終わらせることを願うのかもしれない。しかし、その時まで、この平穏で豊かな日常生活は、ゆるぎなく続いていくだろう。そのことに何の疑いもない。たとえ病牀六尺となったとしても。

おれが思うのは、けっしておれに関わる人たちに、悲しい思いをさせたくない、ということだ。松下〔竜一〕さん、小田〔実〕さんやら、過去のメモを整理しながら追憶を交えて、それを読める形にまとめられないだろうか。

2／16木曜

「いのちの森 高江」新大久保

黒川と会う。赤ワイン一杯。

おれは何しにこの世に来たのかな。たぶん遊びに来たんだろうな。思いっきり遊ぶため。どこまで遊べただろうか。

神さま、たのむから、まだもう少し時間くれよ。まだ時間があればまだまだおれは何とかなるのだから。

すっきりしようと思ってたがどうやら続く

前回以降、化学療法を始めている。様子を見つつ続ける。
長期予防の意味…肺に微細な影、おそらくとんでるということで→今後消失いかんに関わらず定期観察。予防を含めた定期治療は暫く継続の必要
ひらばには、オペやって一段落、あとは継続的にみていくとのみいう
枠を利用していきたい→論説枠　インタビュー枠
加えて病気が病気なだけに、病院通いがやや続いていく

2／18土曜

日中、家。各種本　夜〔大分から送ってもらった〕サルナートカレー
高橋哲哉　沖縄　悪霊〔ドストエフスキー〕
死の医学　日記を購入、病牀六尺など集中〔して読む〕沖縄独立論これから

2／19日曜

早朝　箱根天山へ〔康代と〕
それできのう、天山はなかなかよかったよ。熱い湯にたっぷりと堪能した。家族風呂に行くかと最初は思っていたんだが、それは夏場のみということで残念だったが、それでもやっぱり天山はいいな。あの、川のせせらぎに面した読書用の休けい室。あそこはほんとうに落ち着いてくつろぐ。チロチロというスズの音が聞こえてきたんだったかな？　やすよはあの音がとても好きだという。おれはそれが何の音だったか思い出せないが、本を読みながらうとうととまどろんだ。〔回顧録〕

2／20月曜

文化部学芸遊軍へ（方向性確定〔させる〕）

おれのこの状況は、時限爆弾を体内にうめこまれたようなものだ。いつ爆発するか、分からない。今はいたって元気でも（せいぜい口内炎と小量の鼻血のみ）体内ではカチカチと、時計が時を刻んでいるのだろう。願わくは、不発弾たらんことを‼

2／21火曜

平日では久しぶりに9時ごろ家族4人がそろい、鍋を囲んだ。…〔中略〕そして鍋を囲んで談笑するうち、みほ〔次女〕が「お父さん、定年何歳？」と聞く。60と答えると「65ぐらいまで働くんでしょ？ずっと家にいるのもねぇ…」と笑いながら言う。「そうだなぁ」と笑いながら言う。「そうだなぁ」と笑い返した。神さま‼　お願いです‼　その願いを、かなえてほしい。神さま、お願いです‼

2／22水曜

夜　かもさん会（江戸川橋の沖縄料理屋）。

2／23木曜

夜　芥川賞

2／24金曜

早朝から日赤　点滴　夜　石川真生

日赤、化学療法3どめ。1／27、2／10

冷たい水にしびれを起こさせるクスリを体内に入れる時に、前回の速度で1／3ぐらいの段階で全身にかゆみ。顔の赤味。注入速度を半分に。夕方になる。

横浜で石川真生講演〔横浜美術館〕

真生さんは久しぶりだった。昔の米兵や、フィリピンダンサーの写真、最近の「大琉球絵巻」など、スライドで写しながら、情熱的に喋るは喋る。非常に面白い。最後に、ガンが骨に転移していることについて、言葉では言わなかったが客席がそれを知っていることを前提に「みんなはこれが私の最後と思ってきたかも知れないが、私は生きる！」と、半ば涙ながらに。心で喝采を送った。

2／26日曜

15〜、息の跡

昼から、康代と東中野ポレポレ

陸前高田のタネ屋、佐藤さんの話

27歳の女性監督だが、よくできている。

佐藤さんの奥行きのあるキャラに助けられたか。

安田なつき〔菜津紀〕が、トークイベントで登壇。非常に久しぶりだった。子供チーム企画の「被災地をみたよ」で、1年つきあってもらったカメラマン。大したものだ。ただ、見ながら何度も睡魔におそわれた。この眠さは、おそらく、クスリの影響だろう。きのうから眠い。プロデューサー長倉〔徳生〕さんとは、追っての再会を約束した。

3／1水曜

昨日に引き続き、病状告知程度について

ゆい就活セミナーで汐留に。

14〜 お茶。リクルートスーツ。湘南ゼミナールの最終面接が3日という話。他の企業も面白そうという話。夜、〔再度〕ゆいと19時頃戸塚駅ホームで待ち合わせ。9時帰宅しカルボナーラ〔作る〕。

3／2木曜

4時半には起きてしまう。夜は鍋。フィールド・オブ・ドリームスを見ながら。気づいてみれば、死者の声を信じるか、という話。その声の存在を信じることで、死者は現われる。という話。死者は明るく臨存している。人がそのことを信じさえすれば——。そういう視点で、この映画を見たことはなかった。涙が出そうになった。

3／3金曜

ゆいの就活最終面接→内定、クルマで珊瑚礁へ。内定祝い兼ねて。

昼食に新橋ビルのトンカツ屋へ。香ばしくおいしい。その時によく行っていたポンヌフという喫茶店がある。ナポリタンで売っている。14時半ごろ。店の外でおやじが、黙々とタマネギをむいている。気取らず昔ながらの、庶民的な新橋の風景。

3／4土曜

15～黒川邸

とても料理が美味しく、堪能した。瀧口さん、黒川さんに感謝。小坪のブリとキンメを持参したが、ホタテやオリーブのマリネからコイクシ（?）のカラアゲの甘酢あんかけ、野菜炒め、メーンにビーフストロガノフ、ポテトのグラタン→思わずブラボーな食事。15：30ごろから20時まで。ノンアルを持参したが、結局ビール、ワイン、日本酒。控えめに。

鶴見さんや思想の科学、最近の小説など色々の話。

病気について「流れ弾に当たったようなもの」「心配はしていないが、そうナマ易しい病気ではない」「時限爆弾を体に埋め込んだようなもの」と説明。

黒川さんは「再発だから、大変だ。でも転移してないから…」と言ってくれる。実は、しているのだが、そのことは言わない。

3／5日曜

昼頃から湯乃市〔藤沢〕。夜は鍋。かき、めろ、とり。昨日残りの真鯛刺身。

みほと康代〔と三人で鍋〕。みほはこの日、終日ハワイ行きの準備。

チョコレートクッキー、マシュマロ入りのやつ、作ってくれてありがとな。マシュマロの甘さも効いてしっとりとしてとってもおいしかったよ。おまえもまた、バイトで忙しくなってるけど、また空いているときに、ごはん食べたりとかしような。…みほ、ハワイ旅行楽しそうでほんとに良かったな。確かにパパ、結局行ったことないんだよな。行ったらたしかに、とってもきれいで楽しいんだろうな。沖縄みたいな感じ？〔交換日記〕

3／11土曜

箱根湯寮〔康代と〕夕方戻り、ホワイトマカロニグラタン

3／12日曜

昼〜市民の意見30　三上智恵講演日本教育会館〜夜戻り

3／13月曜

日赤抗がん剤　村上春樹 騎士団長殺し 上

マーカー数値はいいというが、果たしてどこまで——。4月に一度CTをと言う。クスリがこのままだと体内にたまり、手のしびれが恒常化する可能性がある、とおどかす。それは困る。日常に差しつかえる。ならば、イリノテカン、と言う。髪が抜けるクスリ。それも困る。少しずつ間をあけ状況をみな

がら考えるしかない。

今は何回目になるのか。日赤の点滴台の上。告知の後2～3日して突然、え、これは悪夢じゃないのか？と思った。悪夢ではない。目の前にある現実で、それをここにくると意識させられる。死とはおそらく、穏やかで普通の日常の中で自然と眠りにつき、それがさめないということだろう。そしてそのことは、主観的には意識されない。それは今、ここに来ない日々は基本的に病気などまるでウソのようにしか意識しないのと同じことだろう。

そして思う。おれの頭のなかに様々な大切で愛しい記憶があって、時々何の脈絡もなく、それらが前触れもなく鮮やかによみがえる。しかし、それは、放っておけば、失われてしまう。そんなことは、病いにならなければ、決して思わなかったろう。しかし、それは余りにも惜しい。

3／14火曜

休み扱い　レビー小体　映画ぼっーと〔観る〕日比谷図書館返却
一冊ずつ書いてみる　過去の取材帳

3／15水曜

編集局最終日　スマホ返却のための操作

3／16木曜

スマホ交換　文化部20Ｆ移動　沖縄案件

3／17金曜

10：30～18：30文化〔部〕新崎〔盛暉〕本の件で↓先に構成ものすすめる話
もうろく帳〔鶴見俊輔〕藤原書店

3／18土曜
家族でディズニーランド　騎士団長読む
3／19日曜
湯乃市　世に棲む日々
3／20月曜祝
〔直史誕生日会家族で〕
さてそれじゃ、おたんじょうびのことを書いておくね。ほんとにうれしかったよ。みんなありがとう。みんなからカッコいいおさいふをもらいました。大切に使うね。今日はローストビーフ。パパは、まが何度も踏んどいてくれた肉のかたまりを昼過ぎから棒で必死になって何度もたたいたよ。そんで、とっても柔らかくできたろ？……「久しぶりにこんなに笑ったあ！」っていうくらい、とても楽しいお誕生会でした。みんなありがとな‼〔交換日記〕
3／21火曜
芸能学芸企画会議
3／22水曜
生活企画会議
3／23木曜
11：30～23　16～デスク会　柳美里連絡　19～黒川創
3／24金曜
11：30～23　加藤〔典洋〕戦後論　西谷〔修〕

3／25土曜

社〜、どぶろく屋

3／26日曜

湯乃市

3／27月曜

沖縄文献収集　越境広場　〔琉球〕新報　自立論

3／28火曜

日比谷図書館2〜3時間。沖縄がらみで。〔小松寛〕「日本復帰と反復帰」。週刊金曜日２０１５年5月15日号、沖縄特集の目取真コピー。とにかく最優先のものから手をつけていく。

クスリの投与は来週月曜4／3で3週目。水曜にしようと思う。

恒常的なのどの痛みと声のかすれが続く。これがかなわない。

3／29水曜

朝、神奈川県立図書館　川満信一本など

今、神奈川県立図書館に、沖縄がらみの神奈川大評論のコピーに、行ったところ。昼、ふと気づくと、がくぜんとする。この近辺も、11月から12月にかけた休みの時期に来たところだ。駅前のそば屋。紅葉坂の急な傾斜。たしか12月の、プレゼント時期にな、桜木町を西口に出て、みなとみらいのショッピングモールへと歩いて行き、昼飯に、カフェのサンドイッチを食べながら、テラス席で天気のいい陽の光を、いっぱい浴びながらビールを飲んだ。

その前夜には、やすよと、みほの第九の演奏会ということで、みなとみらいの、ホールに来て、夕食は、2階のフレンチ、あるいはイタリアンかな…アラカルトでビールとワインを飲んだ…。

いろんな記憶がよみがえる。

そういうたくさんの記憶を抱えながら、おれという存在が、この世からいなくなるって⁇　それはいったいどういうことだ！

…ふとした瞬間に、そうした思いが頭をよぎる。おれは今、どこにきている？　どこにいる⁇……。それも分からず、大きく路線を変え、やみくもに前に進もうとしている。

3／30木曜

昼、明治屋 カツレツ
☆まず、周囲の目を恐れず、今のおれをさらけ出そう。往々にして、気にして、閉じがちになる。しかし、すでに失うものは何もない。
☆おれに、時間があとどれだけあるのか。例えば興味を引かれるたくさんの本がある。読んでいる時間があるのだろうか。

3／31金曜

新刊　調査報道　有楽町　ダニエル・クレイグ

4／5火曜

日赤フォルフォックス抗がん剤

4／6木曜

4／7金曜

抗がん剤の件で社休み

新刊　天皇論　夜　藤原書店花見

4／8土曜

8日は康代と、箱根湯寮。早朝は雨がざんざと降っていて、行くかをためらったが、おして行った。ゆったりとした時間を過ごせた。箱根では、降りしきる雨の向こうに満開の桜がにじんでいた。個室の湯は熱く、露天だが屋根はあり、ゆったりと浸かった。湯から見える山肌も、うっすらと煙っていた。

4／9日曜

家。朝から雨。どこにも出ず、しかし物思いにひたり、大きくまとまったことはできない。
夜は、ゆいと3人の夕食。みほはバイト。ホワイトソースグラタンをつくる。ゆいは7時ごろ帰宅。康代はけい帯を変えた。午後いっぱいかかったらしい。ゆいがやや元気なさそうで、夜はおれたちの部屋に寝に来ていた。
おれは8、9とも、22時には就寝。この2日、のどの痛みを感じないのが不思議。7日夜は急に藤原書店の花見に誘われたが、のどの痛みを感じつづけた。

4／13木曜

17〜東神奈川　後田多《しいただ》〔敦〕
（沖縄がらみの神奈川大評論〔2015、11月号〕で、目取真、後田多〔敦〕対談。）

4／15土曜

〜17月曜沖縄
県立博物館シンポ

4／16日曜

新崎〔盛暉〕、宮里千里等インタビュー

4／17月曜

島袋〔純〕、桃原〔一彦〕等インタビュー

4／18火曜

しんどく微熱、早めに帰宅

4／19水曜

例えばつめがのびている。それと気付き、異和

4／23日曜

みほ成人式前撮

こないだのプレ成人式の写真の日。お前はびっくりするほど大人できれいだったよ。お前はママと一足先にランドマークタワーに出かけて行きました。パパは一足遅れて行ったら、お前はすでにきれいなおべべを着て、髪も大人っぽくゆわえて、鏡に向かっていました。お店の女の人が、おじょうさんにお父さんが来ましたよって伝えたら、「お嬢さんはにこっとうれしそうな表情をしていましたよ。とても素敵な親子でいらっしゃるんですね」って言ってたんだ。パパはとっても嬉しかったよ。…お前は実に輝くような表情でカメラマンの指示に従って…はじけるような笑顔だったよ。〔交換日記〕

4・26水曜

日赤　アバスチンが効いていない。→CTを精査、第3のクスリを検討方針（遺伝子検査の最中）

5／1月曜

沖縄原稿仕上げ
中頭村に電話　キャンプフォスター司令部住所確認その他

5／2火曜
出稿、細部チェック
クスリを入れて1週間ほどの集中作業は、やはり全身けだるく、ぼおっとさせる。

5／3水曜憲法祝
シフト替わり。終日。

5／4木曜
ゆい、やすよで江ノ島に自転車。快晴！　とても気持ちいい。アジフライ／由比ヶ浜近辺ではテラスでシラス丼。江ノ島は混んでいて、自転車では渡るの精一杯。ジェラートをたしか、島で3つをほおばる。ゆいと。

5／6土曜
世田谷〔実家〕へ。武洋〔弟〕一家、夜、仁美〔妹〕。泊まる。

5／7日曜
昼まで世田谷、昼過ぎ帰宅

5／10水曜
日赤（一年未満宣告）

5／11木曜
家前、真っ赤なミモザのような花の美しさ。目もさめるような。

背景に青い空、日常は何が起きようと続いていく。

誰が死のうと、日常には穏やかさがあり、笑いがある。死とはその日常からの撤退だ。

5／21日曜

しばらく書いていない。これを書き始めたのは、那覇空港の沖縄料理の店。時間待ちで、沖縄でもセーブしていたオリオンビールを、解放感とともに2杯。てびちそば。ビールのこくと、甘さ。しみわたる旨さ。

17日夕に那覇に入り、翌日4時起き、5時にタクシーでうるまの島ぐるみ会議一行と合流して、辺野古へ。

バス中であいさつ。1992年当時那覇にいたこと。その後、文化部のくくりで通っていること。8時前に現地着。9時ごろ、座り込む人々に機動隊がおそいかかり問答無用でごぼう抜きに。騒然とする現場。

昼過ぎまでゲート前。カメラマンのレンタカーで、仲宗根〔勇〕さん連れて、うるまへ。途中、東海岸沿いの沖縄家庭料理屋でてびちそば。旨かった。仲宗根さん宅で長時間のインタビュー。

5／23火曜

初夏だ。気候は。あふれかえりはじける日差し。光の乱舞する。まぶしい緑。家の前に咲く赤い花。光、光、光…。自転車に乗ると全身で感じる風。青く輝く空。空に向かって歌い出しそうな樹々。山をおおう緑。おれは光が好きだ。日差しを全身に浴びて過ごしていたい。これから職場へ。

5／25木曜

今日は曇り。

先週日曜まで沖縄。22、23、24は、たまっている資料整理。新刊紹介で森まゆみ「暗い時代の人々」岩波ブックレット「田園回帰」オナガ本読。出張精算。掲載紙整理〔等〕「反骨」

昨夜ゆいが夕食を作った。和風のとりのみそ焼き。ナスのひたし、山イモ、みそ汁…。一生けん命がんばって作ってくれた。みほは、なかなか顔を合わせる機会がない。しかし、たまに朝、一言二言、「おまえ、がんばってる?」と聞くと、ウンと笑顔が返ってくる。

5／26金曜

今日は雨が降る。しとしとと、1日、降るもよう。沖縄から日曜に戻り、整理に日が過ぎている。

昨日緩和ケアチームと話。

衝撃的な告知〔編者注：6月7日の※〈1年未満告知(5／10)からの経過〉以下を参照のこと〕から24日で2週間。抗がん剤2種を、いつ、始めるか、あるいは否か。

時間をかけて考える。そうだ。連中に、おれの声を残しておこう。いつ聞いても励ますことが出来るような声を。

5／27土曜〜28日曜

結婚記念日で箱根泊　晴天　気持ちよく湯本近く　夜ほっと爆睡　芦ノ湖、成川美術館

《備忘》

5 or 6月

ある日、昼食頃、メディアタワーに戻る回廊で、ふとイナズマみたいに思う。

「え!　なに?　おれが死ぬの?　ほんまかよ!　…信じられん、どうにも信じられん!!」

6／4日曜

やすよと行ったサーファーズでやすよは一足先に帰り、海を見下ろす崖上に建つ店のテラスで、太陽をいっぱいに浴びて、吹き付ける風を体にうけながら本を読んでいた。いろいろなことを思い、感じた。その時のメモを書いておく。

「吹きつける風、三島の午後のえい航〔午後の曳航〕を思い出す。刻印しておきたい。この時。ものすごく貴重な今。光にあふれた世界、空と海が目の前にある。この海と空の果てには、地球の果てには何があるのだろうか。空の皮膜を外して、そこにあるものは──。しぶきを上げる海。それをみつめるおれの身体は、少しずつ衰えていく。目をつむる。吹き付ける風と、太陽の熱を頬に感じる。陶然とする世界。世界のど真ん中に、おれがいる。さんざめく風。陶然として目を閉じていると、世界は溶けていく。海の香り。ふと、昔の「カモメのジョナサン」を思い出す。自由を求めて、どこまでも飛翔するカモメ。空を超えて極限まで飛ぼうとする自由。その向こうに何があるのだろう。自由とは──。それは海のことか？　空のことか？　強い風が吹き付ける」

6／7水曜

先週末、6／3、4で仲宗根勇さんの「憲法ルネサンス」を終えた。展開もうまくいった印象。

6／5、6で細かい仕上げ。グラフィック指示など。

3月半ばに20F文化に戻り、そこから加藤典洋氏、西谷修氏との飲み会（新宿）で4月半ばの未来社那覇シンポを知り、そこから展開が始まった。その間、前支局長から仲宗根取材の話もふられてきて、5／17～20で再度の沖縄を取材。

3月下旬から始まった沖縄展開が一段落になる。これからどうするか。2ヶ月をほぼ沖縄に費やした。

※〈1年未満告知（5／10）からの経過〉

治療は5／10、主治医の「1年未満」告知で、その日は完全にドツボとなり、しばらく病院ロビーから立ち上がれなかった。イリノテカンorベクティビクスへの変更が提案。しかし、治療はそのままのメニューを今のところ続けている。マーカー値は25〜26。外見に関わる強い副作用が予想され、今はすぐにはふみきれない。先週末、6／1〔木〕に、日医大へ。康代と行き、丸山ワクチンの購入。ニュー新橋ビルの内科が、ワクチン注射に理解がある、という紹介で、6／2〔金〕より、丸山ワクチン接種。ペースは、月水金の接種。今後の治療をどうするか？　丸山の効き方を、少し様子をみる余裕と意味があるかによるだろう。

業務的には、副作用の強い治療にかえる場合、職場に対する事前のアナウンスが要るかどうか、仕事の形態を変えていく必要があるかなど、「構え」を考える必要がある。

今は駅からいつも山と空を見る。以前から思っている。山といっても小高い丘のようなものだが、風にそよぎ、晴れた日にはまぶしい陽光をあびてさんざめく緑が、とても立体的で。その形がせまってくるようで美しい。そろそろだろうか。

再発が分かり、大きくおれの運命が変わり出す、1年前のあの時は。

6／9金曜

日比谷図書館、夜、恩田陸の懇親会

昨日は神奈川県立図書館に沖縄本。そばや本の新刊紹介。宮内〔勝典〕さんの本。〔中略〕昨日、マトンマサラを朝食で少量食べた。一週間前サルナートから送ってもらった。連絡をしないと。さすがに美味しい。部 送別会。

6／12月曜

10日土曜は、康代と昼から鎌倉のかんざし屋でみほのプレゼント。いったん家に戻り、海沿い中腹のサーファーズ。

吹き付ける風の気持ちよさ。

風に吹かれ、康代は少し寒くなったらしく、早めに帰った。

その後、しばらくおれは残り、空と海をみつめていた。

ものすごく貴重な〈今〉が、ここにあると思った。心の中に刻印したくなるような――。

光にあふれる海と空。波は飛沫をあげ、風は吹き付け、目をつむると太陽の熱を頬に感じる。「世界」が、目の前にある、「世界」のど真ん中に、おれがいると感じた。溶けていくような世界――。その香り――。陶然として目を閉じる。

飛翔するカモメを思った。空を超えて飛翔する自由。空の向こうには、何があるんだろう――。空の被膜を外してしまえば、そこに露出してくるものは、何だろう――。

光に満ちた世界の中で、これから衰えていくであろう、おれ自身の身体のことを思った。有限の「私」ということを―。

そして昨日の日曜。みほの20才のたん生日。ローストビーフを焼く。みほは連日の飲み会かバイトで、すごく疲れた様子だったが、それでもすごく嬉しそうだった。大きくなった。感無量だ。色々たいへんだろうが、ガンバレ！
夕方部屋で康代と今後の治療の話などをした。日焼けが禁じられるらしいクスリを、始めなくてはいけないのだとしたら、何時から始めるのか――。それは、8月末までペンディングにしておけるのだろうか――。
カオハガン〔海外旅行〕含め、どうすればいいか、という話。クスリをどうするか？　そろそろイメージしないと。それは、仕事の仕方、形態にも関わってくる。
6／13火曜
《一言》
《おそらくは、人は病気の人間を前にして、どう対応していいか分からず戸惑い、あわれみ、そしてでき得れば離れようとする》
6／14水曜
〈マーカー3ずつ上昇〉
今は午前6時。きのうがフォルフォックス治療。マーカー値は29。2週間で3ずつ上昇している計算になる。今日は康代の希望で伴った。ただ、方針は今のところ変えず、しばらく、同じ治療を続ける。きのうも5時半まで化学療法室。フォルフォックスは、点滴台で強烈な眠気に誘われ、3～4時間熟睡した。
6／12に丸善に行き、衝動買いで、万年筆を買った。ほか、6／12は送別会。この日、大田昌秀死去。
6／13の送別会では、ノンアルでとおす。12日の送別会では日本酒。
6／15木曜

今から出社。昨日は化学療法のため、日赤。明けは午後出社にしている。午前、すばらしい天気だ。空も樹木もみずみずしく陽光をうけて輝いている。そこには、いのちがあふれている。

《おれが毎日を過ごす力は、おそらくは変わらない日常からもらっている。目覚め職場に行き、他愛のない会話をし、他愛なく笑う。その日常の堅固さが人を支える。ということはある！　それを離れた時に初めて、おそらく人は、「生と死」に直面する》

6／16金曜

昨年亡くなったジョイス訳者の柳瀬〔尚紀〕氏を偲ぶ会。山の上ホテル。そこから学芸の飲み会

6／17土曜

強烈な眠けで昼過ぎまで寝てる。藤原書店夕食会おさえながら酒。終電で帰り、鎌倉美学で一杯だけシェリー。

6／18日曜

午前は湯乃市でからだを暖める。午後は、疲れて寝て、宮内勝典さんの本を読む。

6／19月曜

久しぶりに宮内勝典さんのインタビュー。午後1時、井の頭線で、井の頭公園へ。快晴、すばらしい天気。気持ちのよい住宅地。

まずは写真。写真を気にし、屋外撮影と冒頭のをカメラマンが撮影し、途中で離れる際に私も入れて撮る。「記念写真を」という言い方だが、おれの遺影？

写真撮影を中間にはさみ、2時間ばかりゆっくり話を伺った。沖縄への愛、人類への警鐘…そして何よりも死生感。宮内さんはウミガメを見て、いったいいくつのウミガメが、自分の目の前にいるウミガ

メの前にあったのか、と。彼は人類がこれまで24億生まれてきたという仮説を基に「24億の果実」という。太古からえんえんとつながってきた命。それが彼にとっての〝宗教〟だという。おれはその話を聞きながら、おれ自身の命が位置づけられる気がした。

6／26月曜

6／22〜25沖縄

先週木曜、最終便で那覇へ。22夜〜25朝まで沖縄旅行。思いつきのように2週間前に決めたが久しぶりの6・23を見れてよかった。宿がなく、2日目は北谷のゲストハウス。3日目は読谷。ただ、読谷のゲストハウスは、遠くに海が一望でき、とてもいい部屋だった。やすよ、ありがとう。

24日朝の辺野古では、仲宗根さん、

夜の那覇の写真スタジオでは、石川真生さん、仲里効さんに会い、康代を紹介した。

振り返ると、14日に化学療法、フォルフォックス。効いていないというが、やめると数字が急上昇する恐れもあり、今はそのまま。副作用は口内炎と、クスリ投入当初の強烈な眠気。

若干の手足のしびれ。ただし、気になるほどではない。

しばらく、書いてない。まずは治療経過。

6／28水曜

フォルフォックス　CT

7／18有明がん研セカンド・オピニオン。

まず、6／28には、マーカー値は横ばい。ほっと胸をなでおろす。ただし、その薬の副作用がきつい。

口内炎。そして6／28に左足の動きが、やや重く、鈍い旨をいい、神経への浸潤ではないかとの診断。

この症状を最初に意識したのは、山の上ホテルで開かれた窪島誠一郎氏の「日暮れの記」出版記念会。加賀乙彦さんの話を、体をややかがめて聞いている際に、左足に重量がかかる重さと不安定さを感じた。

しかし、どうあれ、対応策は限られている。外面に副作用が出るクスリを今やるか、もう少しあとにするか——。

7／1土曜

夕方、ゆいと港南台で待ち合わせ、美女と野獣～鎌倉美学

7／2日曜

昼、みほ海沿いサーファーズ　横浜エルトリート

7／3月曜

宮内勝典原稿　丸山ワクチン

新刊紹介、池内紀、江戸散歩、若者社会運動

7／4火曜

信濃毎日　夜、えん～鎌倉美学

7／5水曜

歌舞伎座

7／6木曜

無言館行きの日程ギリギリの調整。8時にギリギリ図書館駆け込む

駅でゆいと会う

7／7金曜

上田、無言館　信濃毎日は断念〔日帰り〕

7／8土曜

沖縄基地引き取り会　早稲田

7／9日曜

夕方、海、波打ち際の少年、手でウツボをつかまえる。首根っこをつかまえる。はじける笑い。海に走り高跳びしぶきをあげる別の少年。ウツボは波うち際でリリース。

7／10月曜

14：30日赤CT撮影。文教堂渋谷

7／10のCTは、画像で肺の広がりが指摘された。不審なのは、「骨盤に転移がある」と言いつつ、おれが「それは聞いていない、初耳だ。オペでは成功したはず」と言うと、言葉をにごす。何がある？

7／11火曜

19～息の跡　安田菜津紀

朝、初夏の光で、逗子、鎌倉の山は、充満している。死へ向けて、どう時間を組織していくか。それを考えるのに忙しい。死への恐怖を味わっている暇がない。

つまり、それはほとんど感じない。あるときそれは一瞬のうちに訪れる。誰しもの身にそれはおこる。そう感じられる。

丸山で、注射うつ、外は真夏日で明るい日差し、光に照らされた町。死は、そこでも、可能であれば

一瞬で訪れ、光に満ちた町はそのままでずっと残る

〔備忘〕
死は一瞬、続く日常
かわらない日常というのと
生者にとっていかに重要か

《治療》
7／7血液検査フォルフォックスでも2週に3、4ポイントの割合で上がっている。そろそろ時期
7／10電話で主治医に方針伝えるメモ、会社を休み夕方まで悩む。
7／8から念のためと思い〔治療関連〕本を見て
9日には図書館で借りる。
そのための迷い??
結果。14日にはフォルフォックスを継続。判断ミスか、セーフか…。しかし、腹の中では納得がないと。フォルフィリもベクティビクスもいったん始めたら効果がなくなるまで終わりがないことがためらわせる。そのためらいには根拠がある。治癒の可能性があるなら当初から全面的に使用している。治癒の可能性はない。投与し尽くしたところが死になる。

7／12水曜

午前　日赤　取りに行くセカンド・オピニオン資料、窪島〔無言館〕インタビュー　汐留　夜　うりずん懇親会

7／13木曜

午前日本医科大学丸山〔ワクチン〕とりに。本郷歩き→汐留15〜職場、整理本

7／14金曜

職場で読書金子みすゞ評伝　王妃たち　夜　懇親会

7／15土曜

ゆいと自転車、昼から小坪〜長谷寺〜逗子海岸

自転車で海沿いを鎌倉にむかったのですが、もうそれはそれは、気持ちのいいのなんの‼　空は真っ青で雲ひとつなく、吹く風はしんせんで気持ちよく自転車を走らせると、体がとぶように爽快でした。たまにとめると、真っ青な海がひろがって眩しいお日さまの光に照らされてキラキラキラキラとしてしぶきをあげていました。〔交換日記〕

7／16日曜

藤原書店、後藤新平シンポ、市ヶ谷〜竹芝

7／17月曜海の日祝

湯乃市康代と。ゆいとカレー、新逗子マッチポイント　夜　みほ康代と〔夕食〕

7／18火曜

14：30有明がん研 面談

王妃新刊紹介

7／18のセカンド・オピニオンでは肺のリンパも指摘？　骨盤はもうひとつ分からないということ。そして、「何もしなければ半年‼」半年‼

「3ヶ月で症状が出る」

…うのみにはしない。

ただし、時間がかぎられているのかもしれない。何を選択的にやっていくのか。頭は恐怖より、それを考えることに忙しい。

7／22土曜

今日はこれから軽井沢。左の尻から脚にかけてのしびれと若干のいたみは気になる。

昨日は父母をつれて飯倉のキャンティへ。オブラートに包みつつ、現状を話す。母は聡明だ。全て察したようで「人には、それぞれの役割なり、定めなりがあって、その時間の長短ではない。与えられた定めをどう精一杯しとげるかだ」と言っていた。言葉が、胸にしみた。キャンティは、40ねんぶりという。「懐かしい」と言って非常に喜んでくれた。40年前から内装も全く変わっていないようだ。

Tが死んだ。昨21日の未明。大動脈瘤破裂で一週間意識不明だった。井上ひさしの言葉を借りれば、「右座敷から左座敷へ」の移動を、さらりと済ませてしまった。自尊心が強く、生きづらいやつだった。繊細で涙もろい奴だった。死は、全ての人間にとってすごく傍らにある。

軽井沢13〜17　軽井沢朗読館日帰り

7／23日曜
小田実の集い　日帰り〔大阪〕
7／24月曜
13：30～14：30日赤血液検査のみ
7／25火曜
T葬儀　血液検査日赤午後
7／26水曜
日赤抗がん剤
7／31月曜
みほと横浜、ふぐ とても久しぶり。そういや、ひとつ思い出した。横浜から帰ってくる時に、逗子駅からお前が歩きだから、パパも自転車ひっぱって転がして歩いてきたんだけど、けっこういろいろなお話をしました。
…ひとつは「人が死んだら、心臓とか、体とかはモノになっちゃうけど、魂はどこに行くの？」ってこと。みほは天国と地獄は、いい人が天国悪い人が地獄ってのは好きな人と嫌いな人を分けるみたいで違うと思う。でも「天国がないなら、魂はどこへ行くの？」ってことでした。パパは「天国というのではないかもしれないけれど、魂が帰属するところは絶対あると思うんだ」と答えました。パパはね、親しい人が亡くなっても、その人が世の中からいなくなったとはどうしても思えないんだよ。魂はぜったいにあって、生きている人たちを見守っていると思う。そしてパパはたしか、「2次元で生きている人は3次元が想像できない。パパたちはだから3次元に生きているけど、魂がいる場所は3次元では想像できないんだよ」と言いました。こういう話を、みほは時々ママにもするようです。でもママは「どうしてそんなことを聞くの?」というんだそうです。そんな話をしながら、パパとみほはお家に着きました。…話は中断し、3人で桜のケーキを食べました。いつもはあんまりしないお話でした。〔交換日記〕

8/1火曜
10:30日赤Iナース面談　昼　康代と恵比寿で　午後~職場　平田オリザ取材
8/2水曜
フランス映写会　表参道
8/3木曜
黒川講演　Yホール〔よみうりホール〕
8/4金曜
日本近代文学会　掲載紙　15~平田オリザ
8/5土曜
昼~逗子インドカレー、逗子海岸へ。夜、シンゴジラ〔康代と〕
8/6日曜
逗子海岸、康代も
8/7月曜
15~日赤血液、マーカー値あがる。ただ、方針をまよい、フォルフィリをためらう。この結果次回を9日→14日にする。

日比谷図書館で近藤〔誠〕本借りる。3〜4冊ざっと読んでいく。必ずしも化学療法否定本ではないが、体をぼろぼろにして、一年半生きるなら、生活をかえず、一年で死んだ方がマシという理屈。帰宅してから延々と酒。未明まで。翌10日休む、朝連絡。

フォルフィリをどうするか？　いったん始めたら終わりがない、ということの意味を、ひたすら反芻し考えてしまう。10日の夕までただぐるぐる考える。フォルフィリに、この時点でどうしても踏み切れない。ただし、歩いたときの痛みは持続している。

10日夕方から、平田原稿へ。

8／9水曜

夜　懇親会　クスリをどうするか？　時間限定

8／10木曜

急に休む。クスリ変更をいつからにするか、夕〜主治医に電話、14日は、フォルフォックス継続と告げる。

8／11金曜山の日祝

原稿、昼過ぎまで家で。↓15〜20：30出社仕上げ

8／19土曜

夏の午後、康代と海に行った。逗子海岸を賑わす海の家に、南米料理をたべさせる小さな店があって、やすよと何度か行き、必ずスパイスの効いたローストチキンと、もう一品の肉料理を注文した。日差しは熱く、空は青く、冷たいビールとモヒートを頼んだ。

そう。いつも、こんな夏の日を過ごしていた。海に魅かれ、逗子に来た。海はずっと、傍らにあった。

海を吹く風を、胸いっぱいに吸い込んできた。水平線を見つめると、目が溶けそうだった。

この日も海は、ものすごい光にあふれていた。8月半ばの逗子海岸。心にそそぎ込まれる光は熱く、見渡すかぎり、命が、それはほとばしるようだ。さんざめくように……。

これが世界？　この世か？と思った。

いのちは天に祝福されている。沖まで泳いだ。ゆったりとして、羊水に身を委ねているようだった。海は大きく、柔らかくうねっていた。遠く、水平線まで、宝石のようにきらめいていた。空は真っ青で、光に満ちていた。

これが、世界のただ中だ、と思った。

8／20日曜

☆時に夢を見ているような気になる。病状を考え、…しかし毎日の職場にいくと、いつもの日常が待っている。変わらない日常のつよさ！　そこでは何も起きていないという錯覚にとらわれる。いや、強固な実感、リアリティーとして、いつもと変わらない日々と感じられる。

この「変わらない日常」というものの大切さ。それこそが、人間を殺人的な光線から守る皮膜なのかもしれない。

8／24〜27

家族で沖縄〔家族旅行はこれが最後に〕

8／24木曜

11：30ロワジール〜ジャッキー〜ロワジールプール〜平和通、壺屋〜うりずん〜やぎしる〜ロワジールバー、ロワジール泊

8／25金曜

7：00朝食9：00レンタカー～佐喜眞美術館～アメリカンビレッジ～読谷　七色の風～宿～バーベキュー

8／26土曜

8：00出発～本部～水納島〔10～15：30〕～名護ブルーシール～読谷のサクラ〔宿〕～読谷物語

8／27日曜

6：00起き～ニライビーチ読谷日の出～宿～美ら海水族館～恩納村カフェ～レンタカー返し～公設市場～空港帰宅24：30

おっとー、あまりにも次から次へと楽しいことが多すぎてどんどん書くことがおいつかなくなっちゃったよ。…さて、読谷のバーベキューです。…ほんと、サイコーの時間だったな！　海の砂浜の近くにバーベキューの場所があって、牛肉から鶏肉からエビから豪華も豪華！　オリオンビールを飲みながら肉の火加減を見て、切ったりしているから夕陽の色が刻々と変わってきました。

気が付くと荘厳なオレンジ色です！　だんだん藍色になっていく海の色の中に、そのオレンジ色が浮かびあがり、息を呑むような美しさでした。

あんな素晴らしい夕陽をゆったりと冷たいビールをすすり、肉をほおばりながらゆっくり見たのは、初めてです。ママ、ありがとね‼

…さてさて、三日目の水納島。…海はコバルトブルーだったね。パパは遠くまで、遠くまで泳いだ。ゆいも泳いだ。みほも泳いだ。みほは浮き輪だったかな？

水納島からの帰りはいつも行くブルーシール。パパも踊るおじさん人形のマネして写真とってから、

けっこうたくさんアイスくった。シークワーサーとパッションフルーツだったかな。〔交換日記〕

この間、黒川本・山室信一本読書　アジア主義、イルカ太地町映画。

8／28月曜

8／20フォルフォックスを迷った末の継続から一週間。尻の痛みと、ほんの気のせいかもしれないが、呼吸の苦しい感覚が気になる。迷いに迷って、フォルフィリは2週間延期した。それがどうだったか？

10：30～社　日赤血液検査　最後までフォルフィリでいいのか？

ベクティビクスか？の迷い。髪が今後抜けていくのは恐怖だ。

13～丸山ワクチン　迷った末にフォルフィリ

8／30水曜

イリノテカン（抗ガン剤）開始

9／2をピークにかなりのダルさ。眠気。

8／31木曜

軽井沢朗読館原稿仕上げる。

変わらず強い痛み

9／1金曜

伊集院静紹介文、来年度企画の話

9／2土曜

朝起きてだるさ。いすで11時迄寝る。

康代と、茅ヶ崎のボード回収、パソコン購入、茅ヶ崎ヤマダ。帰りは港南台経由、文教堂近くの真庵でそば。夕方戻り寝る。21時ごろからさんま塩焼き。夜、みほが戻る。「こんな遅い夕食なの？」「お昼が夕方だったんだよ」　ゆいは扶養控除超過で康代と相談。

9／3日曜

昼11：30〜逗子海岸最終日。康代　ゆいとブラジル食堂、曇り、夕方から晴れ。原稿用紙に万年筆で海の句。〔短歌〕

曇りの日／だけど勇んで／海いくぞ！／なぜなら今日は／最後の海の日！

水平線／山の向こうに／広がって／空と溶け合う／夢の時間よ！

ひたひたと／打ち寄せる波／聞きながら／黄金酒を／飲むは幸せ！

〔他多数、ゆい、康代も〕

海の日最後はすてきだった。冷たいビール。ローストチキン。ゆいは昨年から、海が好きになったという。


〈夏の終わり〉

夏が終わる。少し熱を潜めながら、それでも眩しく照る太陽が雲間から現れ、ひたひたと流れる海面を眩しく照らす。

楽しそうな子供たちの声。ビーチバレーに興じる若者。それらも、そろそろおしまいだ。女の人が犬を連れ、砂浜を散歩する。陽は沈みかかり、子供たちももう、海からあがる。時間が、見えないうちに刻々と、ひたひたと過ぎる。明日から、また別の季節が始まる。

9／4月曜

10：30～17日中、日本海新聞、丸善、夕方、一度戻りすぐ出る。つかれ、…だるさ。鎌倉駅で降りるかまよう。今後何をやっていくか、どこまでのことができるか。どのように身を処すべきか——などを考える。

9／5火曜

パンの話の本。軽井沢原稿出稿。職場にいるいたたまれなさ。どうも、ぼうばくとはっきりしない週。学芸が近代をやる、しかしそれと並行して、通年をたてられるか。この状態で。

9／6水曜

日中、返信などを各方面に。考えているのは生活コラム、学芸コラム。次回、抗がん剤19、20に延ばす。午前、サルナートに手紙。新パソコン調整、午後出る

今は午前7時。今日は5時ごろに起きた。購入したばかりの富士通PCのセットアップ。2日土曜に、茅ヶ崎に、康代のボードを取りに行き、その近くのヤマダ電機で買った。この日記帳は、先日立ち寄った日本橋丸善でそのレトロさから、衝動買いした。おれの場合、たいがいの日記帳は、最初の2、3ページで続かない。これは果たして、どこまで続くか。しかし、おれは今や死に向かっていく存在だ。そのこと自体は、今もふと気づくと茫然とするような事柄だが、しかし日常自体は実に確かに堅固なリアリティと共にいつものように流れていく。その日常の確からしさの中にいればおれが直面しているら

しい「死」は、ほとんど実感の伴わない、夢のようなものとして感じられる。リアルなのは、徐々に増す痛み、クスリの副作用やしびれなどでほかは日常的には意識しない。

ただし、ある瞬間、…例えば汐留の社屋から外に出て、眩しい陽光が汐留のビル群の間をいっぱいにしているのを見て、ふと、稲妻のように、「うそだろ⁉　おれが…え！　死ぬの？　うそだろ！」といった気分になる。でもそれは、すぐに日常の時間の中に埋めこまれる。そして、いつもの日常の時間が何もなかったように流れていく。ふと思う。おれの実存はなぜ、さほどは動揺せずにいられるのだろうと。日常は、変わらずに続いていく。その中でどんな構えがとれるかを、いつも考えている。それが終わる時はおれはあえて知らないでいい。誰にとっても、いつかは終わる。それは全く同じことだ。意外なことでも何でもなく。

井上ひさしの、犬の忠臣蔵〔イヌの仇討〕の芝居の中で、大石が死とは何かを問われ、左の座敷から右の座敷へと移動するようなものだろう、と言った。おそらく、そんなものなのだろうと思う。

しかし、そんなことは、とりあえずはいい。

イリノテカンをやり、まださほどの変化はない。ただし、投薬当初のダルさと眠さは、かなりのものだった。ちょうど2週間の9／13に2回目をやる予定だったが、1週間のばした。

雨が続いている。今日は、ポール・ギルロイの「ユニオンジャックに黒はない」を読んでいた。世界は人種問題から今も抜けきれてない。

世界の逆流と変転はもしかしたら「この日常」をも根こそぎにすることさえ、あるのだろうか。

9／7木曜

長野の知り合いに、ワーグナーのCD返送。長く借りていて余りに恐縮。世田谷、お袋が、明日のはずが無理になったとメール。夕方デスク会議、編集局企画の話。立場上、どこまで問われるか内心ためらい、戸惑い。期待も感じるため。

9／8金曜

島尾ミホ映画、川崎　島尾ミホ伝記

9／9土曜

快晴　午前　島尾伝記、午後〜海

海に来ている。先週、海の家は終わり、しかし、今、空っぽの海岸にも海水浴客はそこそこ。テントをはり、バーベキューをする人たち。

しばらく曇りが続いていた。久しぶりの快晴の逗子の海は、沖縄行き以来か。海岸で島尾みほの評伝。海がまぶしい。宝石を敷き詰めた一面の畑のよう。CDを持ち込み、バッハのフランス組曲のピアノ。フォルフィリをはじめ一週間。さほど様子は変わらない。その分歩いて疲れた時の痛みも続いている。海はウィンドサーフィンが多い。見ていると気持ちよさげで、美しい。島尾ミホの評伝映画も奄美の海が実に美しかった。おれはまだ、太陽の光を浴びたい。だからベクティビクスを後にのばしている。映画でミホ役が、島の日時について、「こんな静かで…このままですむのでしょうか？」といった趣旨を呟くシーン。島尾役は、それに答えられない。近く惨劇と死が迫っていることを自覚しながら、自然の美しさに満ちた毎日の日常の中にいる。

映画の終盤、死を思い留まり帰宅したミホは父をみて「ただ今帰りました」と言う。父は前夜、もしかしたら集団自決をしたかもしれなかった。その父が「今日も暑くなる」と呟く。ミホは「朝食をつくりましょう」と言う。この日常のあまりの確からしさと死は、きっと、海が抱きとめる。

9／10日曜

快晴11～13海　家でカレーとそうめん、みほと一緒。15：30～17：30海

今日も海。まさに見事な快晴！　おれは本当に海と空と風と、そして太陽が好きだ。ベクティビクスなんか、できるんだろうか。

泳いでいると、からだが透明になってくる気がする。海に入ると少し冷たく、しかしすぐ体になじむ。泳いでいると、こちら側におしよせてくる波、波、波に乗り、水平線に続く向こうを見ると、波はキラキラ、キラキラと眩しく耀いている。波頭がこんどは限りなくキラキラでそれが水平線までつながっている。空は青い光であふれている。ああ、なんて快楽！　熱い日差しを全身の肌に受ける。波はざわめいてなぎさにおしよせる。遠くを走るいくつものサーフボードの色とりどりの帆…。吹き付ける風を全身に浴びる。そして本を読み、家族日記を書いたりする。波におびえて、小さな女の子が泣く声。ゆい、みほのことを思う。ほんとうに大きくなった。もう、一泳ぎしてこよう。

9／11月曜

朝、学芸に合わせた「近代」企画イメージを出す。新刊2本。

9／12火曜

最近よく夢をみる。昨夜は記者仲間の集まりの夢。たしか、朝日のOなどもいて、そういえば役員になったFは今は…などの、何ということもない話。昨日は、時間の合間をぬって、渋谷ユーロスペースへ、「カメジロー」の記録映画。ユーロスペースに歩くまでに、半分位の距離で尾てい骨のいたみ。腰かけて休んで、また歩くという状況。感じ始めたのは7月ごろ。無言館に行ったあたりからか――。映画を見ながら脈絡もなく、学生のころに見た「夢みるように眠りたい」そして松下竜一さんの「砦に拠

る」を思い出した。学生のころのレトロなものへの関心。一方で、東京では離れがちな、しかし沖縄ではまさに今の関心である、国家の強権とそれへの抵抗。その、熱い戦い。

9／13水曜

この日快晴、思わず海に行きたくなる。3、4時間 思いっきり直射日光を浴びる快感。そう思いながら職場へ。

現状について言おうとして阻まれ、いえない。

9／14木曜

曇り　講談社ノンフィクション

昼過ぎに外苑に向かったが、だるさ、眠気、いたみ。…部分ウィッグ使う。

9／15金曜

お袋と、三茶、マタギのジビエ

しかしおれには驚くほど不安がない。おそらくは信じているんだろう。神…。言い換えればじいちゃん、ばあちゃんの存在を。世田谷泊まる。

9／17日曜

湯乃市

9／18月曜

快晴、敬老祝

台風一過　11：30～17海で過ごす

きょうも海。月曜だが三連休。土日の台風がぬけた快晴。きのうまでは秋のように寒かったのに今日は打って変わってものすごい壮快な波。
やすよはボードをもってきて今は波乗りに興じている。
康代の波乗り〔サーフィン〕を初めて見る〔生でみるのはこれが最初で最後〕、ムービーを撮る。逗子海岸

9／19火曜

15時日赤採血、夜、懇親会

9／20水曜

イリノテカン2回目

今日がクスリの2回目。痛みは少し柔らぐ。先週の金曜15日、おフクロとサシで飲んだのはいったい何年ぶり…、いや、さしで呼び出したことは、あったのだろうか…。実に楽しい時間だった。話題は、可能性のあくまでも一部、…「仮定」の話として、「死後」の話を少しした。康代のキリスト教の話、おれの無宗派の話。仏教に即すつもりはないが、やはり節目節目では、おれをしのんで欲しいこと…などなど。

そんな話を気持ちよく愉快に話せるのは、ほんとうに不思議なことだ。

死はあくまで、突然くるだろう。予定稿の準備みたいなものだ。その準備の条件を考えながら、実際には生きることとしか考えていない。そして、何の不安も感じない。

9／21木曜

雨 日比谷図書館、明治思想関連／フコク生命ビル　カルボナーラ

9／22金曜
石牟礼「春の城」、記事化

未明の午前2時ごろ、尻の激痛で目が覚める。クスリはロキソプロフェンを飲んでいる。それで痛みが引かないのは、それはそれで仕方ない。対処の仕様がない。と考えて、しばらくを新聞整理などして起きていた。今は午前3時。

オリヴィエ・メシアンのピアノ曲を聞いている。色彩感に富む静かな音色が水のように耳になじんでくる。いつまで生きられるか。やはり、あくまで不安はない。痛みを始め、起きていく身体の不調に、どのように対処していくか、という課題があるだけだ。石牟礼道子の「春の城」の紹介文を書いた。1999年の年末に熊本市内の石牟礼さんの仕事場にインタビューに訪れた作品だ。話を終え、縁側で手作りのおむすびをご馳走になった。評論家の渡辺京二さんが入れてくれたお茶をすすった。とても印象深い、いい時間だった。今回の本には、島原の農民、キリスト者が三万人もの人数で廃城に立てこもり、全滅を当然の覚悟としつつ、なぜこれだけの反乱に賭けたのか、ということにある。アニマ――それは、美しい自然に人間存在を支える「基層」があるという考えだ。それが人間の存在を抱きとめる。こうした考え方はキリスト教とは対極にあるだろう。しかし、石牟礼道子はそのような世界観、宇宙観で殉教者たちを救済する。そこにあるのが文明以前から脈々と続いてきたのだろう「自然」に対する全き尊崇の姿だ。

9／23土曜
16～外苑前　部分ウィッグ　だるさ、眠気、いたみ…。

19〜水道橋ＹＭＣＡ抵抗者あぜんぼう　鎌田慧 大工哲弘　出演
心にしみる表現のひびき。

9／24日曜

曇り昼、ベランダＢＢＱ
司馬遼太郎「太閤記」読む以外
何もできない…いたみ、微熱続く
今後の展開、考える気になれず…。逆にいつの時点で仕事から身を引くか考え…。

9／25月曜

昼、中野坂上、やはり痛みをかかえて、中野坂上を歩く途中で休む。
平敷兼七展。昼食は、終わって夕方中野坂上でアサリパスタ

9／26火曜

旧友と。夜、弟と。

9／27水曜

新刊紹介２冊生活本

ちょうど１週間前の20日、２度目のフォルフィリ。それから週末にかけ、かなり強い眠気とだるさがあった。そして意気阻喪するのは、尻の鈍痛だ。しかし、週末には就寝時も続いていた痛みが緩和されているように感じる。もし、そうなら、朗報だ。昨日、武洋を新橋で呼び出し、沖縄料理屋で病気のことを話した。驚いたらしい。どうやら、人は押し並べて驚く。それだけでどこか「死の影」を連想する

のだろう。多分、おれ自身が、そうだったろうと思う。だから、ためらわれる。

9/28木曜

平敷展原稿、学芸生活企画レジメ

デスク会議で社会　選挙　企画の話

9/29金曜

レジメ改稿　夜　日比谷　千倉書房の会

9/29のメモ

さわやかな秋晴れの日。しかし、少し前までは海に行ってたのがウソのようだ。ただしばらく曇り空が続いていた。

久しぶりに青く、すっきりとした外を見た。やはりおれは、空が好きだ。光に満ちた明るい空。

9/30土曜

昼　みほと珊瑚礁〔鎌倉〕夕方一時間寝る→浅草橋 朗読館の会　終電逃す→世田谷泊

みほ！。久しぶりのサンゴ礁に来ました。前からこの日、ご飯食べようって約束してて、朝10時位に起きて、11時位におうちを出ました。葉山のマーロウも候補だったけど、みほは「5、6年ぶり」と懐かしんでました。…ちょっと曇り空だったけどテラス席で気持ち良かったです。シーフードカレー、ココナッツサラダ、バナナシェイク等確かにほんとおいしかった。みほは大学のお勉強がとても大変だと言いました。ガンバレとパパは言いました。みほはシンガポールが楽しかったみたいです。パパは学生のときにインドに行ったことも言いました。みほは「あたし、ムリ！」って言ってました。〔交換日記〕

10／1日曜

世田谷昼まで、仁美〔妹〕久々

昼～横浜ジャック＆ベティ「ＺＡＮ」〔康代と一緒に映画をみる最後の機会に。新逗子までの帰宅が辛い〕

10／2月曜

結局、来年用に企画を立てようと思う。

学芸で「現代の遠近法」のようなもの。生活で「生の文学」。痛みはやや緩和されている。クスリが効いてきていると勝手に思っている。

昨日、やすよと横浜のジャック＆ベティで辺野古のジュゴンと自然保護をテーマにした「ＺＡＮ」という映画。「海を守れ！」というストレートな政治性。しかしジュゴンは沖縄の人にとって永遠の生の象徴、つまり、生と死を媒介するような存在だったのだという。それを失うことは、死後の救い、あるいは永遠の生を失うことであるのかもしれない。

10／2のメモ

夕刻、電通のカフェテラスで一時をすごす。ゆいが就活セミナーで、汐留に来て、ここでコーヒーを飲んだのは半年前だったか。すでに切ないような懐かしさ。イリノテカンの効き目だろうか。痛みがやわらいでいる。少し。

10／5木曜

ノーベル賞イシグロ、文章を受けとることに。

10／6金曜

早めに出社、午前加藤典洋評論の処理

ノーベル〔平和〕賞に、ｉcan〔核兵器廃絶国際キャンペーン〕　直野章子氏連絡

10／7土曜

13時那覇〔石川真生取材…これが最後の地方取材。真生さんに初めて自分の病状を伝える〕

☆連中〔娘たち〕への伝言→「自信のつくり方」今ある自分を受け入れそこから始める。

10／8日曜～9月曜

10～12真生宅にて取材（両日ともに）

13：30レンタカー返却14：50～18：20帰宅

10／10火曜

11：30世田谷船越葬儀〔叔父〕12：30桜新町　14時日赤血液検査、血液では、マーカー値が急に下がった。歓迎。しかし炎症を示す数値が高いとCT。しかし、炎症は、みつからない。18：30帰社CRP炎症反応の高さ、CRP10・59

10／11水曜

抗がん剤フォルフィリ3回目　夕方帰宅　明治近代関連本　痛み寝れず　直野章子本

10／12木曜

余り眠れず昼～

12時〜

昨日が3度目のイリノテカン。尻のいたみは消えない。むしろ、昨日から増している。クスリのせいか。

当初はいたみがなぜか増すというのは、2回目もそうで、2〜3日すると落ち着いた。だから今も半ば楽観視している。ただし、夜、痛みで寝られない。鎮痛剤をのんでも痛みは消えない。これはたまらない。ただし本が読める。橋川文三、三谷太一郎、松本三之介、松本健一らの明治維新論。

そういえば、高校の頃、夜の深沢公園で、大学出の日雇い人夫に会った。カミュ、サルトルを、よく読んでいた。どうしてるか。


ふと思う。おれの感じ方の中に神はいる。おれにとって身近だった死者たちの世界。おれはその存在を疑ったことがない。その一方で、宗教は遠い。全ての宗教は、おれがもっているような原初の感覚に基づいて、人間が作り上げたイデオロギーのようなものに思える。

7日から9日、沖縄に行き、石川真生に2日にわたって二時間ずつ話を聞いた。長年の知己だが、じっくり話を聞くのは初めてだった。「自由」を求めた素朴で型破りの人生。しかし写真の営為は全て、彼女が感じ取る「沖縄」へと向いている。

症状はおれの方が深刻かも知れない。しかし、特に気にはならない。

10／13金曜

かなりの眠さと痛み。夜の体調変化を不安→夜キャンセル、体調をおして無理はやめようと思いきる。

10／14土曜

夜中bedでは、寝られず、書斎のイスで寝る。午前中寝ていて昼前からそば屋～湯乃市。夜はギョーザ〔自分で作りふるまう〕、久しぶり。

10／15日曜

終日ほとんど寝ている。康代は都内に林えいだいの映画。痛みはややすらぎ、bedで寝れた。むさぼるように寝る。夜はうどん〔出汁は自分で〕

10／14、15は実は長野に行こうかという話をしていた。康代が紅葉を見たがった。しかし、天候が最悪〔台風〕結果的に体調がきびしかったかもしれない。

10／16月曜

通常通り。職場に出ると生活新刊紹介。正気が戻る。石川真生テープ起こし。

10／17火曜

10：30～17：30新刊紹介2冊窪島、会田〔弘継〕真生起こし〔続き〕

無言館の窪島誠一郎に、掲載紙送りの手紙を書いた。出稿の8月半ばから、少し時間が経過した。訪れたのは7月の初め。空が澄んだ気持ちのよい天候の日だった。長野支局のころも何度か車で上田に訪れている。無言館に近い、「夢の庭」というギャラリーに、小山さんという画家の花の個展を見に、訪れたこともあった。

無言館の絵は、いのちの飛沫だ。ほとばしるように鮮烈ないのちの息吹きだ。絵を描いた画学生は、いずれもそれから時を経ずに死んだ。大半の学生は、近い死を予期していた。戦争に向かう直前まで、絵筆を放さなかったという。

それは「私という人間がここに生きている」という、いのちの叫びのようなものだったろう。照明をおとした、薄暗い、十字架の形をした静かな空間で、言葉もなく、その「いのちの痕、痕跡」に、見入っていると、生を断たれる直前の画学生たちの生々しい叫びが聞こえてくる。ある者は、戦地で得た病いで帰還後も病床につき、窓から見える風景を見る。そして、丁寧に…まるで祈るような手付きで、キャンバスに色を塗っていったのだという。その色、その線が、彼の生命の証明のようなものだったろう。

10／18水曜

丸山ワクチン→職場11：00マオテープおこし。

浜松町。ものすごい寒さ、コートが必要だった。

3度目のフォルフィリから1週間。歩くときの痛みは緩和している。

しかし寝るときのピリピリとしたいたみで寝入って30分ほどで起きるのが、まだ続いている。アイスクリームをなめ、しばらく部屋で痛みをなじませ再びbedに横になると不思議とスッと寝られる。

ぬるロキソニンをかった。

先週の医師との話で、放射線でこの痛みをとれないかということ。少し今のクスリの効き目を見つめる。

来年の企画として、学芸で「遠近法の現代図」、生活で「生きることばへ／いのちの文化帖」というイメージをたてた。

遠近法のほうは、現代を明治近代や昭和、戦後などの対照軸を照らし合わせることで、その姿を浮かび上がらせようというもの。「生きることばへ」の方は、それこそ1月の余命宣告以来で読んできた、生と死と希望をテーマにした文章を、自分に引きつけて感想をつづる。

しかし、どこまでできるのかという不安はよぎる。今は楽観することができる。歩くときの多少の痛みと支障ぐらいだ。今はまだ、死に近づいているとは、どうしても思えない。しかし、今はまだ想像することができないからだの不調やつらさが徐々に増していくのだとしたら…。ぎりぎりまで踏ん張っていくしかないのは当たり前なのだけれど、それがいつごろ現れてくるのだろうか。

しばらく先だろうと、勝手に見越している。神よ、神さまよ。少しでも長く、おれに時間をくれ。

10／19木曜

雨　午前　日本医科大学丸山ワクチン調達。冷たい雨、傘さして。昼、本郷三丁目名曲喫茶ナポリタン、夜会合渋谷タイ料理　この日からコート

現状表現

・一進一退

・ただしおちついてはいる

・主観的にはタカをくくっている

・可能性的には、1、2年もそうていは、してる

・・・ふと思う。この一連の流れ自体が全て夢ではないのかと。

10／20金曜

少し遅れて…11：30〜昼食なし。マオ起こし〔続き〕　加藤典洋郵送物もろもろ。ラム入り琥珀ジンジャエール

昨日、藤野〔寛、義弟〕、細田〔正和〕と渋谷で飲んだ。藤野さんが見つけたというタイ料理屋。文化部の人をめぐるもろもろの話。世田谷のおやじおふくろをめぐる話。

化学療法の開始以降、辛さは徐々につらくなっているがさほどは辛くなく、おいしかった。食事の最後のあたりで、細田さんが、治療の現況についてさりげなく聞いてきた。可能な限り率直に話した。2〜3週に1度のクスリ投与。可能性の一つとしての、そう遠くない「死」への覚悟。あくまで「可能性の一つ」と強調した。気のせいか、場はやや、こおりついたようになった。当然だろう。目の前にいる人間が「死」の可能性を語っている。それに、例えばおれならば、どんな風に対処することができるのだろう。気の毒と感じつつ、どこかではその姿に「死の影」を感じ、言葉を失うに違いない。病気と無縁なころ、死んだ友人、病気を明らかにした友人に、おれはそんな風にしか対応できなかった。

今日、帰りの横須賀線の中でふと思った。おれの身に起きている、この一連の出来事は、結局はふと気づいてみれば、全てが夢なのではないかと。列車はあまりにも日常的に走っていた。うつらうつらとしている人、スマートフォンに夢中な人。その当たり前の風景の中に、異常は…、非日常はほんとうに存在しているのだろうか。

10／21土曜

11時頃起きて午前湯乃市、オフハウス、ダイソー。昼、うちでそば。みほも。「燃えよ剣」を少し読んでしまう。

10／22日曜

今日は選挙。そして今、翌午前4時。寝られないのは一度寝て、1～2時間で、尻のいたみで起きるからで。今は3回目のフォルフィリから1週間半。この症状はフォルフィリ投入後の2～3日。そして今日。たしか、3回目投与の前の1週間位から出てきた症状か。たしか、10／7～9の石川真生取材の沖縄でも、同じような痛みを寝るときに意識していた。

しばらく新聞などの整理。もう一度ねてみる。

台風大雨、午前9時半頃家族四人で選挙。みほは初めての選挙。いったん帰り、昼レッドロブスター、家族四人で。

みほにとっては初めての選挙のようでした。朝がバタバタだったのでゆっくりお話ししてから行くことはできませんでしたが、パパはR党の人に入れました。この政党はまだできたばかりですが、日本が戦争をする国になるのに慎重にしようという政党です。〔交換日記〕

車から降りるときに傘を一本持って降りようとすると康代がいらないと合図する。何かなと思ったら、傘をさして二階に昇る短い間を、康代は相合傘をして、腕をくんだ。なかなか照れるが、いい感じだった。〔回顧録〕

10／21、22も長野行き半々構想だったが大雨予想。台風も近づいている。

10／23月曜

選挙明け、掲載紙送り、新聞整理。加藤典洋など。

この数日23時頃ロキソニン飲み→25時痛みで起きて→27時頃寝る

昨日、総選挙で自民が解散前と同じ議席を得て、一方では民進が解党、希望は失速、立憲民主の躍進。希望の小池は自分の権力性を自分で認識する能力が欠如している。骨の髄からちょこざいだ。あの笑顔をみる度にいけしゃあしゃあ、と「排除」を口にした表情が思い浮かび、へどが出そうになる。その意味では、立憲の躍進は、胸のすく思いだ。それはともかく社会は着々と改憲へと向けて歩みを進めつつある。しかし、その転換点に、果たしておれはいるのだろうか。

――・――・――・――・――

このノートには、私的な過去もふと思い浮かぶにつれて書き留めていこう。それが雲散霧消していくのは、どこかやりきれない。例えばいつでもいい。記憶の中から現在の心境に応じて、あるエピソードが唐突に思い出されるとする。それは、今の状況と連動して、一つの意味を帯びる。そこでは、記憶は過去のものでなく、今を生き生きと、生きている。

10／24火曜

新刊紹介3冊

食卓から消える和　子規庵　啄木東北語

25時起き、27時起き→28、29時まではぐっすり

10／25水曜

新潮松本　金子みすゞ会

10／26木曜

石川真生原稿①　藤原鎌田会

10／27金曜

石川原稿②　写真整理

10／28土曜

20：30〜ゆい誕生日　横浜玄品ふぐ　康代も

13〜17立教大学　脱走兵50年集会あったが、午後からの雨予想と、痛みで断念。様子みる。

夜はねれない。一時間寝て、痛みで起きの繰り返し。

10／29日曜

台風　結局、土日と、ひたすら部屋で、

石川原稿、sure 鶴見本、加藤典洋本

金曜くらいより、夜も激烈ないたみ。

まず、金曜はゆいのおたんじょう会を横浜玄品ふぐでやった。これが横浜駅から店まで少しあるくと、激烈ないたみがたまっていき、もう歩くことができない。3回休んでようやく店へ。

その前日の木よう。藤原書店の鎌田慧絡みの立食会。

ずっと立っていると痛みが増し、脂汗がでてくる。しかし、座る場所がない。

2度ほどトイレに行き、その前のソファーで休憩をとる。

そうしないと激しい痛みが増し、立っていられない。夕方ごろになると職場にいるだけで鈍痛が増してくる感覚。

10／30月曜

日赤イリノテカン4回目

尻の痛みは少し緩和される感覚。主治医がモルヒネ入りの粉末を調合〔オキノーム〕。結局、夜になるとこれを飲む。痛みから。深夜石川真生原稿仕上げ。

11／2木曜

特信連絡会議。昼の会議は基本傍聴。夜の懇親はとばす。配慮してもらう。しかし、直後に反省。

11／3金曜文化祝

ひたすら睡眠、断続的に起きながらbedで。

夕方、鎌倉かんざしや、ゆいのプレゼント用。読むのは「燃えよ剣」ばかり。

今日は夕方から鎌倉に行って、ゆいの誕生日のためのかんざしを買った。みほの時も同じように買ったんだよ。みほの時は深いブルー、ゆいの時は、真紅の赤。何が似合うのかなあと分からないながらも、感覚で決めた。

それでやすよ。珈琲店に行ったな。ああいうレトロな店は久しぶりだったんじゃないか。そこでおれは、「企画2つを迷いながらも始めることにした。体調がどうなるかわからないが、できることを前を向いてやっていく。あきらめずにやっていく」ということを話した。やすよはＩＣコーダーを探した。

なくて、スマホを設定し直した。もう一度しゃべって、という。だから、もう一度しゃべった。できることを、できる限りしていくということ。〔回顧録〕

〈薬の備忘録〉

11／4

10／30のフォルフィリ4回目。

鎮痛剤は、リリカカプセル1日1回。

セレコックス2回

トラムセット1回そして麻薬であるオキノーム痛いとき

10／11〔3回目〕の時はここで初めてトラムセット、ロキソニンの配合を頼む。

それ以前は、2回目のあたりから、手持ちのロキソニンを1日何回か服用。

歩いていくにつれて、痛みがたまっていく症状は、8月から。

8月おわりの沖縄旅行の時は、携帯イスを持ち歩き、平和通りを歩く際に痛みがたまり…。

きのうが特信連絡会議。生活と文化の企画を出したままで迎え、あとは体調のみ。痛みのために夜が寝られない日が続いている。10／30のフォルフィリの2、3日前から。麻薬を2～3袋のんで睡眠を確保している。

残された時間がどこまであるのか。楽観的には、あと1～2年は、と思う。さすがにそれは確信している。ただし、ふとした時にはもしや、と思う。ただし、もしやと思っても仕方がない。何一つ変わることはない。それにしても、死への時間を日々意識しながらすごす時間がこれほど日常的なことだとは想像していなかった。

いや…。やはりこれは分からない。果たしてそこまで日常的になっているとは。なぜなら、おれはきっと今なお、自分が死ぬとはさほど信じていないのだから。

だいたい、3時か4時に一度起きる。いい時間かもしれない。手元にある文章を脈絡もなく流し読む。

11／4土曜

康代千葉トリップ〔サーフィン〕。みほが家にいる。

みほと夕方なぎさ橋珈琲でパフェ〔逗子海岸〕夜、大量のカルボナーラ〔直史作る〕

たまに海に来る。今は夕方の葉山のなぎさ橋珈琲。海はゆったりとして、心和む。

昔から海を眺めるのが好きだった。中高生のころよく本を何冊か持って日帰りで海へ行った。心生き返る思いがした。

空はすっぽりと地球を包む円形で、その空の向こうには何があるのかと思ったこともあった。もちろん、宇宙なのだけれど、そういうことではない。そこに想像できるのは、人間を超える世界で、人間は空の中に、すっぽりとくるまれ、そして海は青く、光と色に満ちている。

人間世界は幻なのかもしれない。しかし、おれもそして誰もがそこに確かな現実を感じている。その現実は消えない。揺るがすことのできない現実が、そこにある。

11／5日曜

ゆい誕生日会　家族で

そういや、ゆい。こないだのお誕生会はとってもすてきだったぞ。チキンもこんがりとうまく焼けたろ？　そんであの、チョコレートケーキがうまかった。とても深い、大人の味のものすごくこってりしたチョコレートケーキ。お前は22歳でもうすぐ社会人になる感慨もあったろう。ちょこっと泣いていたね。でも全然大丈夫、ゆい。がんばっていけ！〔交換日記〕

学芸の「遠近法」をせっかく企画する以上、その中で「戦後の風景」とその基礎になったデータを読みといていこう。そうすることで、「遠近法」もおれの中で、今のおれの中で意味を持ってくるのかもしれない。

11／9木曜

日比谷図書館　苅部直講演「維新と文明」

11／10金曜

石川真生原稿出し～21時まで

11／11～12康代と、長野へ「やっといける、最後の旅行になった」

長野はとても美しいところだけど、秋だからかもしれないけれど、少し淋しげでちょっと困りました。でもそれは美しいからなのです。色んな深い色をたたえた山と、そして樹々に囲まれていて、だから文学で言えば、堀辰雄の「風立ちぬ」とか少し物哀しい文学が生まれていくのです。みんな、知ってるかな？

とはいえ、実にエキサイティングな1日でもありました。何よりも北斎館の面白さです。

江戸時代の天才漫画家です。色とりどりで、奇妙な絵なんだよ。みんなが知っているのは富士山と、海のこんな絵ではないでしょうか？〔イラスト〕。そこは長野市郊外の小布施という栗が有名な街なのです。「栗の汁粉」を食ったよ。あんこは全く使ってなくてさ。これがまたちょっとびっくりする旨さでさ。あんなの初めて食ったな。〔交換日記〕

11／11土曜

小布施、北斎記念館、栗汁粉、

長屋酒場〔生きることばへの意気込み語る〕

11／12日曜

山田温泉、ロッジの露天、きのこ汁のうまさ、

夕方、〔住んでいた〕中御所回り〔…2日ともレンタカー本人運転〕

11／13月曜

午後に日赤採血、夜　沖縄懇親会　生活本

モルヒネ〔オキノーム〕5　痛み

11／14火曜

夕～かなりの眠気、おしてsure～20：00帰宅　鶴見の仕事3冊、夜は鍋

13～14と、夜は衝撃的な痛みがおさまらない。

寝ようとして起き、寝ようとして起き、を続けて未明からようやく三時間ほど痛みで机にしがみついてうめいている状態。

11／15水曜

マーカー値が上がる。さすがに衝撃。

日赤フォルフィリ第5回、イリノテカン　クスリを入れている最中に強烈な痛み。18時頃帰宅。ぼおっーとして9時頃まで寝る。

今日、5回目のフォルフィリ。合わせて前回までのマーカー値が出され、上昇していると分かった。動揺はしなかったが、えっと思い、気持ちは暗くなろうとした。しかし、一喜一憂をしようがしなかろうが、対応の選択肢が変わる訳ではない。

思いつくことを書いておきたい。

何の脈絡もないが、中高生のころに、指揮者になりたいと思ったことがある。

結局、紆余曲折を経て、今の商売になり、おそらく、いよいよ体が重くなるまで仕事を続けているだろう。それだけの面白さはある。ただ、今から思えば全然別のことを選んでいたとしても、そこそこのことはできたろうと思う。

今思えば、いろんな選択肢を前に、「これをほんとうにちゃんとした商売にできるのだろうか」と、思いすぎたかもしれない。そのあたり、由惟、実歩にも、言っていきたい。

それにしても、あとどれだけ本を読み、書いていけるのだろうか。

以前からずっと忠臣蔵の大石が、処刑に至る何ヵ月かの間、晴れ晴れした顔で、読書を続けたという。死が決まっていて、ならば、何のために読書か、と思っていた。

今は分かる。以前にも書いたように、大石にとって、死はせいぜい、隣り座敷に行くようなものだとしたら、生と死は、素直に連続するものと、考えればいい。

あるいは、特に隣座敷と考える必要もない。大切なのは「日常」だろう。死は「日常」を突然まがまがしいものに変えるのかも知れない。しかし、それは一瞬で、「日常」は再び息を吹き返す。圧倒的なのは、この「日常」の持続なので、誰それさんの死は、その日常にひとつのエピソードを付け加えるぐらいのものだろう。

その「持続する日常」というイメージに、おれは救いを求めようとしているだけだろう。だが、それがなぜ、救いとなるのか——。

多分、命が消えるとは思ってないからだろう。命がもし、残るのだとしたら、それはこの日常の中で繰り広げられた記憶の中だろうと、おれは勝手に思っている。

11／17金曜

原稿出稿。京橋一時間シャンペン

11／19日曜

みほと

今、パパは横浜ルミネのスタバにいて、みほがお洋服を選んでいるのを待っています。そう、お誕生日の券〔パパ手作り〕を二枚位使う予定で来たのです。そしてパパがスタバで待っているのは、パパが病気と闘う身だから、あんまり疲れないほうがいいことをおまえが知っててくれるからなのです。で、今は夕方。横浜にくる電車の中で、お前はパパに唇とかがひび割れしないように口にぬる、ムースみたいなやつを一本、パパにくれました。パパの唇の脇のところがひびわれてちょっと血が出て、いたそうなのを見かねてのことでした。そう！　みほは、人のことがとても気になって、何かしてあげたくなる、とってもいい子なのです。〔交換日記〕

11／21火曜

sure, 平凡社　深夜帰宅

11／22水曜

夕方　文化放送

夜　人身事故　横須賀線一時間まち。

11／23木曜　勤労感謝祝

起きて強烈な寒気、寝て　昼頃起きて38・9

11／24金曜

熱で休み、起き抜け38・9→起きると平熱に

11／25土曜

午後　早稲田奉仕園、基地引き取りシンポジウム

11／27月曜

夕方〜日赤血液検査

マーカー値は少し下がる。さすがにほっとする。

週末など考え、29日抗がん剤は、12／4に延ばす。

11／30木曜

休む　終日日赤にて、腹のバイパス9〜15交換手術、

諸検査。／夕方恵比寿散策

12／1金曜

直野〔章子〕原爆本、高見〔順〕／汐留えん、
終電帰り、夜寒気　菊池寛賞

12／2土曜

午後14〜18熟睡。朝　執拗な眠気。

橋川文三「昭和維新論」直野のシンポジウムは見送り。被ばくシンポジウム

12／3日曜

読書、加藤典洋「日本人の自画像」新垣〔毅〕「沖縄アイデンティティー」

12／4月曜

日赤　フォルフィリ〜15時頃、
夜激痛の、モルヒネの粉末5袋飲んでも効かない。今、午前4時

12／4〈症状〉

今日が何回目のフォルフィリだったか。

髪は大して抜けていない。薬を、入れると入れ始めから、相当なショックを感じ、痛みが増す。

それは前回のと一緒。

そして、これも前回と一緒だろうが、クスリを入れると夜寝られない。それが3日位つづく。

うとうとしては覚め、モルヒネ、またうとうとしては目覚め、の繰り返しで、一晩に4、5袋。

一方では、点滴台の上、あるいは電車で、帰る途中がものすごい眠け。

12／4フォルフィリの影響で12／6水曜圧倒的な眠気、職場で。

眠るわけにもいかず、とにかく目をつぶることができる喫茶店やラウンジを探す。
移動して目をつぶると引き入れられるように一時間は意識を失う。とても仕事にならない。
夜、寝られないせいでもある。痛みが横たわると鮮明になる。
麻薬を飲んでも、二時間で効き目が切れ、起きる。それが今後、どうなるか。

12／5火曜

〈随想〉きのう思った。生きていることは素晴らしい。空も光も全てが素晴らしい。そのことを知れたことは神に感謝だ。その素晴らしさを、五体満足の時は、そうは意識していなかった。それはとても勿体ないことだ。

宣告付きの、病死と死刑と、どう違うのか、と考えていたことがある。死刑は残酷という。ならば、病いの死は、同じく残酷か？　死刑は人が人を殺す。病いは神があるいは運命、定めのようなものが人を殺す。人が人を殺すことの道義性はある。遺族による応報感情もある。ならば病いによる死の場合、応報感情はどこに向かうのか。神か　？運命か？　しかし、そんなものをのろってみて、何の意味がある？　殺される側からしたら、死刑による死と病いによる死とどこがどう違うのか。

12／6、7は職場で鶴見さんの原稿など
痛みが横たわると鮮明になる。麻薬を飲んでも、二時間で効き目が切れ、起きる。それが今後、どうなるか

12／8金曜～12／9土曜

ステントの交換手術〔土曜退院〕

カテーテル〔ステント交換〕手術で入院。本やPCを持ち込んだが、圧倒的な眠けで何もできない。土曜午前退院。尿道の痛み。帰ってからも続き、おそろしくてしばらく小便ができない。夜にかけ、とにかくしばらく3～4時間ほどただ自室で座り、体を落ち着かせる。9日夜は、スーパーマン誕生物語を、みるともなしにTVで。10日日曜はひたすら、沖縄の論文　各種の資料とコピペ。夜、鶴見さんの原稿夜、新垣の「沖縄アイデンティティー」書評化のメール

12／11月曜

サントリー学芸賞

12／12火曜

13：30日赤

12／14木曜

慶応で〔本人〕講演　沖縄と戦後思想～アイデンティティ、自決権、独立

12／15金曜

日赤16～　若松〔英輔〕本借りる

12／16土曜
忘年会
12／18月曜
日赤抗がん剤
12／20水曜
職場で針抜き〔抗がん剤〕
12／21木曜
康代誕生日…横浜みなとみらい　橙や
12／22金曜
夜　横須賀上町病院〔義父危篤〕
12／23土曜
ひたすらカード準備　康代誕生日のため
康代誕生日＋クリスマス会〔自宅で〕ローストビーフ〔直史自ら焼く〕
12／24日曜
夜　義父死去
12／25月曜
16～日赤　職場11～14　14～
12／26火曜
昼～、佐伯〔啓思〕仕上げ

正岡子規　原稿〜いきることばへ　タイトル

12／29、30

義父葬儀

〔２０１８年〕

〔２０１８　スタート！　皆さま、今年もよろしく！

いろんなことがあった12月。

12／23の夜は，みんなでおじいちゃんを病院で囲んで、特別な夜だったね。おじいちゃんは結局旅立ったけど、皆にたくさんのことを残していったよ。お疲れ様でした。

そして２０１８、家族で一緒の時間をたくさん作った年末年始だったね。

久々で、人生ゲームもしたし、ちなみに私は winner です。ママ 1375000、みほ 1164000、パパ 1039000、ゆい 998000。「家族のノート」、康代の記載〕

〔１／３　今、なぎさ橋珈琲にいます。富士山がとってもキレイ!!　「家族のノート」、康代の記載〕

富士山が、きらめく今日は、三が日、空も青くて、みんな笑うさ！

〔今年の年末年始は、家族とそして親族とたくさん向き合うことのできた素晴らしい日々でした。「家族のノート」、康代の記載〕

１／９火曜

夜、大半は芸能関連やりとり　26～書評執筆へ

1/10水曜

10：00～14：00新垣〔沖縄アイデンティティー〕書評

15～17：30日赤、血液検査

1/11木曜

9：00日赤　抗がん剤

1/13土曜

14～18両親来る　ローストチキン焼く

夜、極度の眠気、いすで眠り続ける。

1/14日曜

眠気は少し緩和。しかし夜まで。強烈な眠気。

昼から夜、ソンタグの要点ピックアップ、半分寝ながら

夜ソンタグ原稿3分の1。〈死の考現学的〉→ソンタグの図式　美しい病気。死の特徴～風立ちぬ

1/15月曜

ソンタグ仕上げ

夜、神保町会合、中華

深刻な寒気、いたみ

1/16火曜

10：30日赤　緩和ケア　14時～職場

夜早め帰宅　生活図書

1／17水曜
休み　ゆっくりできる午前中細々
昼〜寝→成城青木会
1／18木曜
梓会文化賞
1／26金曜
大分会
1／29月曜
イリノテカン
1／30火曜
終日原稿　明治維新１５０年
1／31水曜
早朝〜生きることばへ　高見順
朝日大仏賞 帝国ホテル
2／1木曜
大雪　夜、懇親会　最悪の体調、ゆっくり
2／2金曜
大雪

〔早め帰宅。二階の自室で暖まってる。痛みと眠気で。夜は二階に食事など運ぶ〕

2／3土曜

体調悪い　眠気〔腰の痛みでリクライニングチェアで寝る〕

2／5月曜

「生きる　絶対死なないという思い」…〔と本人メモ〕

2／6火曜

11時日赤〔緩和ケア〕

13時職場　明治出稿、生きる＝原民喜〜夕方　沖縄など徐々にイメージ

2／8木曜

昼から新刊2冊

明治150年、集英社／禅宗、人生

2／10土曜

やすよと、丸木美術館〔埼玉〕

石川真生写真展。

〔真生さんとは昨年10月の沖縄取材以来になった。丸木美術館へも痛みを抱えてようやく辿り着く。真生さんも琉球絵巻の一区切りで、病状の小康状態。そのため、マスコミも参加者も多い。限られた時間の中で、再会の短い時間を持てた。真生さんがぐっと直史を抱きしめてくれたのは嬉しかった。講演開始の時間が迫っている中で一緒に写真を撮れた。これが最後となってしまった。この日の講演は、絵巻を真生さんが説明をしながら歩いて回る形だったが、立って講演を聴くことは難しく、後ろで携帯椅子

に座りながら。本人の記述はないが、腰部の痛みも激しく、かなり辛かったと思われる。〕
夕方頃帰宅。ギョーザ、横須賀線からメール後、ゆいに指示。ゆい、みほが買い物と下準備。こうするとてもラクに仕上がる。ゆい、みほ、おれがギョーザ　20pmから。大変おいしいと好評。パリパリに焼けた。痛みはそこそこ。丸木、座椅子で絵〔写真〕をみながら何回か

夢の国の命令で、一人一人首をしめられ、死体は鉄の箱に入れられ、殺されていく。おれは、生き残る最後の一人となっている。目の前にはきのう殺された人間の体がある。昨日はしゃべっていた男。おれは何とか避けたいと思う。しかし、体に力が入らない。

起きて、夢だと分かり、安堵した。

しかし、考えてみた。おれの状況はこの夢のとおりじゃないかと。

2／11日曜

午前　湯乃市〔好きでよく行ったがこれが最後になる。ロビーで食べるレモン味のかき氷が好きだった。〕

2／13火曜

11時出社〔生きることばへ、原爆の絵を〕、16時仕上げる。

夕、京橋。

2／15木曜

文化部会23時帰宅。かなりの痛み。夜数回起き痛みに耐える。

朝七時半起き、病院〔採血〕忘れ　マーカー少し上がる。気にはしない。

2／16金曜

日赤抗がん剤イリノテカン点滴中、痛みと発汗。緩和ケア医師を呼ぶ。

食事をとる気にもならず、ずっと目をつぶる。夜11時寝る、遠近法原稿。

今年のイリノテカン、何回目か？

一回クスリを変えかかり、いったん戻す。

沖縄のこと、生きることば

2／17土曜

朝3：30おき。明け方から「関ヶ原」ほぼ終日家、うとうとまじり、痛みは比較的ない。鴻上〔尚史〕特攻本で文教堂まで車。

2／17　やすよ。このノートは、思いつくままだ。前回からしばらく時間がすぎてしまったけれど、一切気にしないことにする。時間がたったのは明白な理由があって年明けと共に「生きることばへ」と「遠近法の現代図」というのを二本、走らせはじめたからで、二月頭で「遠近法」第一部をおえて、ひとつヤマを超えた。原稿はひとつひとつ見てもらっているよ。〔回顧録〕

オキノーム am3、pm2　夜間5→10包

2／18日曜

〔抗がん剤ポート外す、眠気、だるさ〕　強い痛みで23時～3時〔寝られず〕に起床。チャイコフス

キー悲愴をヘッドホンで。第2遠近〔構想〕アジア本、石牟礼　沖縄など
生きることばへ→書いてしまう　気流／風立ちぬ／石牟礼／

11 pmに寝て、3 amに起きた。かなり強い痛みでオキノーム3包。
8〜9 am寝る。
寝る前3包、起きて3包
12〜13〔pm〕寝る　起きて1包

○沖縄はやはり、痛みに不安がある
○「生きる」は、石牟礼か、特攻＋丸木美術
○遠近法は、（1）黒川ら、満州、植民地の時代
（2）石牟礼、西南戦争
☆遠近法を中村輝子に送る

2／19月曜

強烈な眠気。持続する痛み。オキノーム20袋。

社を休み、1日中座椅子で寝る。一行も読めない。

気がついては寝るの繰り返し。

だいたい風船の針をとった〔抗がん剤のポートから自分ではずす〕、翌日翌々日位強烈な波がくる。

それは、定期のものとして、予定した方がいい。

1／13～15もそう。2／1～3もそう。

休みをとった。朝から…いやその前の晩から、麻薬の効果による眠気でもうろうとしていた。休みを取ってみるととんでもない状況だった。尻の痛みは、ずっと続きつつ、強烈な眠気で、ひたすらうとうとしている。ベッドで寝たいと思いながらそれができずただひたすら座椅子で痛みに耐え、浅い眠気に身を委ねている…。

何もできなかった。本の1ページさえ、読むことができなかった。その前の日に「生きることば」などについて思い描いていたイメージは、宙に漂って消えた。あるのは眠気と痛みだけだった。

19日未明から、20日未明までに飲んだオキノーム（5㎎）は21包。

これは、尋常な量ではない。そこまで堪えられなかったのだろうか。

2／20火曜

少し回復。社で12～17集中、生きることば　特攻。脂汗かいて執筆。

それで引き上げ。やはりいたみ。懇親会とても行けない。

帰宅後は体調維持の動きしかできない。

定時の会社へ。

「生きることば」の特攻編。さすがにまだ、痛みとつらさを、抱えながら。12時から5時までかかり、その後はあまりにしんどかったのでそのまま帰宅する。

神さま――。もう少しゆっくり、ラクに…。

2／21水曜
随分回復。やったことは掲載紙、資料整理など。夕方になると疲れ帰宅。帰宅時に強烈な寒さを感じる。夜の自転車がキツイかもしれない。
昼にエビチャーハン、3分の2残す。夜は豚汁を、少ししか食べられない。ゆいがバルセロナから帰宅。食事を一緒に。エルサレムの話。バルセロナ独立の話。

2／22木曜
そうとう回復。加藤典洋へファイル
生活図書　辻仁成、丸木、石川真生展告知。
石牟礼＝丸木資料収集→シグロ。丸木 美術館へ電話。
体調はかなりの回復。〔しかし〕夜の電車はキツい。
帰りはタクシー。自転車のキツさ。夜をタクシーにするか考える。

2／23金曜
新刊、忠臣蔵本。日高六郎手直し。信濃毎日礼状。
日比谷図書館。

2／24土曜
基地引き取り会→引き取り会はやめる。むしろ。沖縄行きの方をどうせなら考えた方がいい。
考えないといけないのは、沖縄行／明治／生きることば→　この三つのバランス

2／25日曜
その後、水、木以降、体調は戻った。ただし、その痛みは、午後になると重い鈍痛のように、体の奥

底にたまり始める感覚。帰宅して、ナルサスを飲み、和らぐかたち。

今は、朝6：45。5時半におき、まずオキノームを2袋。起きぬけにはどうしてもじわじわとした痛みが必ずある。

2／26月曜

私自身が病気になり、同じ病気に関する著名人の本をしょうりょうするうち、…あの中江も…中江兆民と言えば、明治のころから、病気にかんする関心があったことは新鮮なおどろきだった
～がん

沖縄取材いく？

治療しながらなので、全編展開できない。

ほか、明治150年とかやってて、ほかとのかねあいもある。身体的、体調的余裕ぎりぎり、いつまで考えられるか

水俣の図　映画シナリオ

おれは、むくろになる
その運命は仕方ないにせよ
何という勿体ないことか

それにしてもこのおれががんだなんて…
冗談みたいでは
冗談なんじゃないかな
2018／2／26

3／1木曜

〔康代の日記　年明けより直史の痛みが強いと次第に先のことを不安に思う。

1年前、2年前、3年前あれをした、こんなことがあったと思うと心が辛くなる。

過去のさほど前でない時のことなどを思うともう迎えられないのかなと思って哀しくなる。一人になることを思う。〕

3／2金曜

Tしのぶ会

3／4日曜

家族　ゆい運転　横須賀三笠　葉山美術館
〔お天気もよくて葉山美術館のカフェも楽しめたね。横須賀での車線変更は緊張したけど、落ち着いてできたね。…忙しさと体調で直史本人は家族ノートにも書いていない。年明けより書いてないことが多い。〕
〔この日記帖に〕書かなくなって、しばらく。

書けない理由があったのではなく、普通の日常の時間の流れが、強くなるままに、それを受け入れてきた。多くは、企画出稿に。だが、時にやはり、あふれる言葉が出てくる。

今は日曜の夕。ラヴェルのピアノを聞きながら、石牟礼道子の文章を読み、空の外に映える残照を見た。

その時、そのわずかな時の流れがとても豊かで、贅沢に思えた。

この時間は消える。しかし、そう言うならば、全ての時は消える。そして、この時間も、このように書き留めることなしには消える。

ならば書き留めれば、時は消えないのだろうか。それは、分からない。しかし、今、この豊かで透明な時は間違いなく存在している。そして、その「時」とは、日々大きな力で流れていく日常の時間とは別のところ、——それを超えたところにあるのだろう。そして、今、たまたまおれは、そのような特別の「時」の中にいる。ゆったりと…。不安もなく…。

その、満ち足りた「時」の中に、くるまれている。そして、そのことを、とても確からしく感じている。

3／6火曜
生きることばへ→石牟礼　フィクションと共通感

3／7水曜
抗がん剤中止。腎機能悪い。
仕切り直し→13日
CT　肺に転移増えてる説明、リンパにきていて、数ヵ月で穴があく…。

3／8金曜
透明にしろ！　透明にしろ、透明にしろ！
やることをすっきり、透明にしろ！
時間はどのみち余りない
かといって、嘆いていても始まらない。できることをやっていくだけだ。

生きる〜鶴見和子→石牟礼の述懐から。
石牟礼は共同の生と生きた　死も、孤死ではなかったろう。
その石牟礼が、鶴見を思う。
3／10土曜
色々よもうとするが眠気の連続
3／11日曜
ゆいスタバ〔四年間のバイト最終日、家族で訪問〕
3／12月曜
朝〜夕まで鶴見和子資料
16：30日赤採血→木曜〜日曜入院予定〔医者から指示〕カテーテルとるなど。
さすがにためらう。〔17日曜〕中島〔義父〕納骨あり。など→13火曜に返事。
生きることばへ　鶴見と石牟礼
3／13火曜

7：53湘南新宿ライン→康代同行。日赤へ
会社休む　週末入院決定　カテーテル交換　金〜日曜入院
抗がん剤　この日中止　午前泌尿器科
緩和ケア医→初めてのホスピス紹介〔本人はまだ実感ないと言う〕
18：00自宅〜鶴見原稿

3／14水曜

朝、鶴見原稿　16：00職場〜帰宅極度の眠気

3／16〜18日赤入院　〔腎臓ステント交換〕
〔入院中横になれず、ベッドの頭を高くしてもあまり寝れず。辛かった様子〕
ただひたすら抗生物質。

3／19月曜

抗がん剤〔康代も同伴、前日退院したが、抗がん剤の為通院〕
〔主治医…そろそろベクティビクスに変えた方がいい。せっかく使えるチャンスがあるのに使えなくなる。本人迷い。四月からという返答〕
出社しても眠さと倦怠感で、身の置き所がなく、どうにもならない。職場で寝ている訳にもいかず、日テレロビーなどに移動。新刊紹介すら書けず。思考が集中できない。これがクスリ〔抗がん剤〕投与から3日。針を抜いた翌日3／23は休む。

3／23金曜
ゆい卒業式　夜、横浜美濃吉
ひたすら寝て。夕方からゆい卒業写真撮影に。
〔夕方、家族写真のために、みほが直史を連れてくる。痛みがひどく、電車で辛そうだったとのこと。写真撮影の合間に休憩しながら。美濃吉の座敷では直史がずいぶん落ち着きほっとする〕
3／24土曜
浅草チェンバロ　キャンセル
3／25日曜
おれ誕生→家族、自宅誕生会
〔直史ローストチキンを焼く。康代と娘たち三人でパパママの出会いの芝居を演じる。アルバムに写真を作って、時計をプレゼント〕
3／26月曜
体調回復
3／27火曜
依頼文　生きる＝気流のなる音。「近代の生死観と自立」その在り方は、近代社会に生きる私たちの日常を、鋭く映し出していると言えないか。次は宮沢賢治か沖縄　宮沢から死生の部分、すくいとれるか。
3／28水曜
おれの身体の機能停止は、よくありがちな、仕方ない話にすぎない。あらゆる機関は、ふとした機能不全で停止する。そこには何の不思議もない。ただ、人間の身体がやっかいなのは、それが単なる機能停止では済まないことだ。

しかし、なぜ済まないのか。

それは、魂という、身体とは全く別個の存在が、そこで仮定されていて、身体の機能停止が魂を殺すと考えられるからだろう。

しかし、本当にそうなのだろうか。身体の機能の停止は、目で確認できる。しかし、魂というものがあるなら、それはどうなのだろう。

たしかに、身体から、アニマのようなものが失われていくのは、目で見えるのだろうが…。

3／30金曜

取材〔琉球〕新報

4／1日曜

みほとドライブ↓七里ヶ浜　珊瑚礁

みほ。ほんとに久しぶりになっちゃったよ、この日記。でもちょっとこれ復活させような！　というのは、今日忙しいみほが時間をつくってくれて久しぶりに鎌倉珊瑚礁にお昼ごはんを食べにいったのです。久しぶりで、とっても楽しかったな！！　…海を通ったら、とても眩しくて、気持ちいいドライブになりました。シーフードカレー、魚のガーリック焼き、サラダ、食後のバナナパフェはいつものように見事においしかったね。…パパは一週間前の姉ちゃんの卒業食事会に行ったとき、口内炎がひどくてあんまり食べられなかったけど、今日は口の中はずっとよくてパクパク食べれて、ほんとよかったです。

みほー。また食事いこうな！〔交換日記〕

4／3火曜

生きることばへ＝宮沢賢治

4／4水曜

10：30帝国ホテル

4／7土曜

鎌倉春秋社　鎌倉高徳院〔大仏〕にて花見→迎えは、ゆいの車

不思議なものだ。しばらくずっと遠ざかっていたクラシックが5年ほど前から戻ってきているし、以前は聞きもしなかったバロックが、今は妙にしっくりとくるのも不思議だ。

今もヘンデルの「水上の音楽」を聞いているが、以前は何の関心も引かれなかった。音色の展開が、今は華麗に聞こえてくるのだ。

4／9月曜

下北沢 お袋

4／10火曜

朝～夕、宮沢賢治原稿

4／11水曜

ベクティビクス初回。渋谷経由帰宅。

〔炎症の数値が半減し、喜ぶ。ひどい皮膚障害はまだない〕

4／13金曜
18：30金時鐘講演　体調で断念

4／14土曜
終日眠気＋やすよクルマ教習　鎌倉霊園　ほかは寝るだけ
やすよは運転練習に一生懸命だ。そもそもおれの体が動かなくなった時のことを考えてくれていることは承知している。ありがとう、やすよ。それで少しずつ安定感は増していっている。ゴールデンウィークを含めたこの間、おれを裏駅まで送ってくれ始めたほか、南共済や衣笠にも必死でハンドルを握りしめていた。でもほんと、どんどんスムースに慣れていった。…完全なペーパードライバーだったが、必死になって練習してくれたんだ。〔回顧録〕

4／15日曜
終日眠気＋やすよクルマ教習

4／16月曜
同上　ほかは全て、ソファで寝て何も読まない　座ると眠気に引き込まれる。何もよめない。
休み→14、15全く何も出来なかったことの立て直し。奥野修司本、若松英輔本

4／17火曜
震災＝奥野修司原稿　生きることばへ

4／18水曜
午前～午後　新宿
夕方～職場　メール取材先

4／19木曜
山室信一「アジアの思想史脈」→深夜、若松「魂にふれる」
4／21土曜
9時逗子図書館
11：30外出12〜鎌倉　華正樓　おやじ〔金子父〕米寿終わって大仏へ。
夕方帰宅、二、三時間眠る。
〔弟妹と生前最後に会う。体調もよく和やかに談笑、料理は少量だが味わえた。会食後、少し歩き、両親と大仏散策。比較的体調がいい様子〕
4／22日曜
〔午前、午後康代クルマ教習→23月曜から直史を駅まで送迎のため〕
4／24火曜
佐伯原稿受け取り
4／25水曜
日赤受診　14時緩和ケアチーム
痛みがないことを驚く〔抗がん剤ベクティビクスは2回目まで炎症数値の低下など、良い兆候を示していたのだが…〕
4／27金曜
14〜歯
4／29日曜

〔康代の車教習につきあう〕藤沢湯乃市付近、オートバックス、オフハウス。15〜16鎌倉霊園　藤棚〔がきれい。〕
ひたすら眠い夜、トマトソースパスタ食べるつもりが食べずに18〜23眠る。それから、コロッケ〔隣の義母より〕豆腐など〔少し食べる〕。それからまた眠る。
16〜18横浜南共済まで　車教習。後は寝てばかり。

4／30月曜

石内都、文芸、夜はフランクル、前日とは一変、本よめる。
〔5／1より抗がん剤ベクティビクス副作用の皮膚障害を防ぐため、駅まで全日、康代が車送迎、康代がいないときはタクシー〕

5／1火曜

石内都出稿

5／2水曜

ベクティビクス2回目／快調の旨、医師らに伝える

5／3木曜

午前　橋川文三　西郷紀行14〜16寝る
橋川セレクション、やや眠気。そして少し息苦しさ、さすがに微熱は続いている。
処方の薬以外オキノーム4、5包

5／4金曜祝
強い眠気
15～17南共済までクルマ教習。戻って家のベランダでバーベキュー
寒いので寝室で飲み食べる。なかなかいい時間。あとは寝る。

5／5土曜
強い眠気14～17衣笠ホスピス〔やすよクルマ教習、高速〕息苦しさはない

5／6日曜
16～18南共済まで　やすよクルマ教習
その他は、鈍痛気だるさなどで、何もせずゆっくり食事など。

5／7月曜
休む。フランクル読み。
夕方～図書館、やすよクルマ〔教習兼ねて〕何回か寝てあとは読書。

5／8火曜
休むかと少し迷い出社→正解
12～15フランクル原稿

5／18金曜
家の前の塀に沿った土から毎年赤い花が咲く。日陽しがようやく明るく暖かくなってくるこの季節。朝になると強くなりつつある陽ざしの中で、まぶしいように、光輝くようにして、この真紅の花が咲く。目が痛くなるような、真っ赤な美しさ。

去年の同じ時期、たしか、この花が塀沿いに咲き誇るのを見て、やはり目に眩しく、でもこの花もこれが見納めか――と、確かに思った。その花を今再び、目を細めて見る。呼びかけたいような親しい気持ちになる。おーい、君。おれも、また今年も、命の花を咲かせているぞ、と。

ふと気づいた。この花の名を知らないなと。調べるとマツバボタンという花だった。しかし、そう名付けて呼ぶと、少し遠くなる気もした。名は特になくてもいいのかも知れない。対象化を名付けることであえてしなくても、その花は毎年同じように、この場所に咲く。おれは来年もこの花の赤さのあまりのまぶしさ、鮮やかさに、目を細めることだろう。来年もきっと…。たぶん…。

5／19土曜

土曜の午後。窓から鳥の声がする。朝方、起きた時など、さながら鳥のシンフォニーだ。先々週だったか…。やはり、朝方、家を出るとき、まるで不意討ちのように、鳥の声が見事に重なり合って聞こえた。いちど、意識すると、耳はそのように聞こえてくる。この鳥のさえずりの重なりを聞くのがほんとうに楽しみになってきている。

昨日は化学療法のベクティビクスの3回目だった。腫瘍マーカーの数値は、劇的に下がってきている。副作用はまださほどは出てきていない。足の親指が2つ、腫れてきているぐらいだろう。素直に喜こぼう。いつまでか――は、問わずに――。

5／20日曜

窓から見る空は晴天だ。今日も聞こえる鳥の声の晴れやかさ。ただ、クスリの副作用への恐れから、外に出るのは慎重にならざるを得ないのだが。だから、部屋の窓から澄んだ空を見つめながら、音楽をいっぱいにかける。フォーレの「ペレアスとメリザンド」ヘンデル「水上の音楽」。

ふと思う。今は「生きることば」に入れ込むため、大城立裕の「カクテル・パーティー」を読み、一方で「遠近法」のため、明治維新論をこつこつやっている。しかしつくづく、人が一生でできることは、ものすごく限られているのだと感じ入る。おれは、今の路線をもう少しやっていく中で、死んでいくだろう。

一方で、全く別にやりたかったことは、それこそ無数にある。ヨーロッパやフランスのことをもっとやっていればどうだったろうか――。あるいは、全く別に、商社などで商売をやっている道もあったのかも知れない。途中で、息切れしていたかもしれないが、実は面白かったかもしれない。

地球に暮らすことは、実はとても刺激的で、面白く、わくわくするようなことなんだと、ここに至って体の底から実感する。色々な道は、また改めてやってみたいと思うが、そして、別に輪廻転生を信じるわけでもないのだが素朴にまたそういうことになるような実感があるだけなのだが、それはそれとして、これまで現実にたどってきたありようも、実に面白かった。そのことに間違いなくて、今なお楽しませてもらっている。ただ、面白そうなことが、ほかにもたくさんあるのだ。だから、それはいずれ必ず――!!

5／21月曜

休む、全身の気だるさ、爆睡的眠気　一方で、目取真本、虹の鳥、眠りの森、カクテル・パーティーひたすら読む

ほとんど眠りながら読む

5／22火曜

生きることばへ＝沖縄　原稿

カクテル・パーティー、目取真　全身の気だるさたえられず、寒気

5／23水曜

11〜16、割りきって新刊仕事

新刊2本、軽快

5／24木曜

11〜18職場でしんどい。クスリ入れ1週間してまだ症状残る。

5／25金曜

休む　全身の不調感

5／26土曜

夕方三時間寝る。

5／27日曜

〔30回目の結婚〕記念日、葉山日影茶屋

今日は30年目の結婚の記念日です。とてもレトロで風情のある、日影茶屋の部屋で、鯉が泳ぐ池にきらきらと、お日さまの光が反射しています。とてもゆったりとした時間です。そして、ゆいとみほが、とってもすてきなプレゼントをくれました。心がこもったメッセージが彫り込んである、写真立てです。それを見て、あまりのすてきさに、パパはもうびっくり！　目をパチクリさせてしまいました。とても豊かな午後のひと時です。お料理もすばらしかった。お刺身の盛り合わせから、焼き物から何から…。お料理の種類を忘れてしまったので、みなさん、最もおいしかった料理を、ひとつずつ書いといて。パパはとにかく、お前らからのプレゼントが感動でした。あんな心のこもった贈り物を貰ったパパさんマ

マサンがいたでしょうか。ありがとな‼〔交換日記〕

〔…5／28月曜

抗がん剤による皮膚障害が酷く、急遽日赤へ、Dr. Ns.共に驚く。

皮膚障害、顔の赤黒い腫れ、火傷状の痛み、ひりひり感がピーク。

そのため抗がん剤が休止→これによる骨盤内中心の痛みも耐え難い

…6／4月曜

再び日赤、体重は10キロ減、口内炎酷く食べられない、顔のブツブツが治まったがヒリヒリがきつい

…6／5火曜

直史会社休む、朝、昨夜同様、鈍痛〕

6／9土曜

〔みほの誕生日、直史ローストチキンを焼く〕

みほー。思いついてこのノート始めているね。これは、お父さんがおまえのことを思って書き始めたノートだ。そして今日は6／1おまえのお誕生日なんだ。21歳のね。みほー。お誕生日おめでとう。お前はほんとうにとてもすてきな大人の女性になってきてるよ。それがお父さんの誇りだ。…先週の終わりから、お薬が効きすぎて顔が赤鬼みたいにはれあがってしまい、痛くてたまらんので、今週一週間はお休みしたのでした。そしたら、…「お父さん、顔が黒くなったねー」と心配してくれた。…お前はこのところほんとうにパパのことを心配してくれて「やせちゃったねー！」とかいうから、パパは「でもさ、心は元気いっぱいなんだぜ！」と言ったら、お前も納得していたようでした。このノートは、こう

いう何気ない毎日のことを思いついた時に書くノートにしようと思うのです。だから、みほ！　また書くぞ！〔回顧録〕

6／10日曜

〔実家の法事行けず→康代のみ列席。抗がん剤が休止のためか痛みで何をしてても耐え難い様子。発熱38・7続く〕

6／11月曜

久しぶりの、強い痛み、終日bed、マイフェアレデイをみる

11時日赤皮膚科→〔抗がん剤ベクティビクスの副作用が最大にでてしまう、顔の皮膚がやけどのように赤く腫れ上がる、痛みと戦う1週間に。引き続き、抗がん剤休止〕

6／12火曜

〔直史久々出社、マスク。逗子駅まで10時送る、帰りタクシー、2階から降りるのが辛い〕

生きることばへ→岡本太郎

6／13水曜

大分共同ＯＢ会

6／14木曜

沖縄ＯＢ会〔13、14ともに夜、少し会食参加、駅まで送迎〕

6／16土曜

〔直史のため、ＤＶＤ、ロダンを借りに康代、車で文教堂へ〕

〔康代手帳より6／17日曜…これまでの病状のメモ
顕著な変化は、4／11抗がん剤ベクティビクスの開始とともに、食欲減退ひどくなる。

2月からは、自分でも作っていた好物のパスタ類を全く食べなくなる。

口内炎の酷さは2017年2月の抗がん剤からだが、2017年秋頃から口内炎のせいと本人は言っていたが肉類もあまり食べなくなる。2018年4月頃からは鰹の刺身を好む。

病牀六尺、正岡子規と同じ。

3月迄、手巻きで鰹、白米は食べられる。

4月から、お粥を食べたがる、鰹の刺身は引き続き食べられる。白米は口に残るから食べづらい。

皿にのせるときは、刺身の一片は大きくと直史が指示→病気だということを感じたくないらしい。

料理好きだったが、4月からは作るも食べるも意欲減退。

4月からは康代の手作りの、ジューサーを使ったオレンジ、バナナ、キウイのジュースを日課で飲む。〕

6／18月曜

痛み

〔…痛→オキノーム服用でしのぐ。今日はどうしても仕事らしい→出社〕

6／19火曜

生きることばへ＝吉村昭

夕方まで〔直史痛みピーク〕

6／20水曜
抗がん剤
〔血栓症足むくむ　左ふくらはぎに専用靴下
主治医、腎臓の左ステント交換、右ステント入れのため、金曜→土曜入院指示。
数値上がっている、抗がん剤ベクティビクス、もう効かなくなってますねと主治医。
直史暗くなる。2〜3カ月様子をみないとわからないとも、主治医〕
6／22金曜
入院〔比較的元気〕
6／24日曜
退院
〔セレコックス服用により発熱下がる、しかし変わらず血栓症、骨盤内転移、鼠径部転移。
直史、北鎌倉駅で駅前の懐かしい蕎麦屋に寄りたがるが、康代は荷物多くて断念させる〕
6／25月曜
会社休む1日寝てる。夕方、〔直史自ら〕大船で西部邁本購入。
身体にこたえる　〔康代仕事で不在〕
生きることばへ＝風立ちぬ 西部
米国保守本　処理
6／29金曜
基地引き取り会　早稲田奉仕園やめる

〔みほ、痩せてきたと直史のことをいう→話が出来る内に、覚悟してと伝える→みほ、落ち着いてわかったと返事〕

〔暫く前から、2階から頻繁に直史のインターフォンがあり、康代は対応に少し疲れる〕

昨日、急に自信と安定がくつがえった。社内人事を含め、周囲は音を立てて動いている。ならばおれは――。全ての人から忘れられ、むしろ、いつ死ぬか、と見られているのではないか…。典型的な病人特有の被害妄想が頭をかけめぐった。

病気でさえなければ、今ごろどんな…。こんな風な妄想は全ての病人に共通だろう。幸い、おれにはこれまでほとんどなかったが、昨日思いかけず噴出した。

吐き気を感じ、早めに職場を離れた。

だが、考えた。ならばほかに、今、どんな立ち位置ができる――。どのみち、今できることをこのままやっていくしかおれの道はない。それさえもできなくなるまで。あとは店じまいだ。晴朗に店じまいに着手できれば。

この間、クスリをベクティビクスに変え、当初非常に効いたが、6月の2週間にもわたる皮膚障害で投入を見送るうち、元に戻ったかもしれない。

痛みは続いている。やや緩和されたか、という気はしつつも。クスリが効かなくなれば、あとは、徐々に増していく痛みをクスリで緩和させる日々になる。昨日はそれも恐れた。その恐れも、一気に来た。ただそれも、持ちこたえよう。

本日は土曜。外はびっくりするほどの晴天だ。光に誘われると、どんな人でも嬉しさに浮き足立つのではないだろうか。いつもならば自転車をこいで、海に駆けつけたろう。さすがに今は、それはできない。だけれども、外でまるで、はしゃいで飛びはねているような光の世界は、それだけでおれの心に希望を投げかけてくれるように思う。

7／1日曜

両親と3人で、葉山ラマーレで夕食

7／2月曜

午後三時半 日赤採血

〔**7／3火曜** 義母ぶり煮付け、小さめペロリと食べる〕

7／4水曜

昼間 会議

〔**7／5木曜** 直史の現状 今迄出来ていたことがこの先出来ない、本人の眠気、今の現状で精一杯。今のうちに話しておいた方がいいと思って話しかけても乗ってこない。昨年と今年のギャップが大きすぎる、当たり前だったことが出来ない。4月からの変化が大きい。

直史、初めての輸血→骨髄抑制のため11時〜3、4時間 中央処置室〕

7／6金曜

出社

7／7土曜

本日は土曜。明後日に化学療法のベクティビクスをする。3度目、ないし4度目ほどになる。皮膚障害は、6月当初の2週間のみで、今はない。昨年の秋以降に苦しめられていた、歩いている時にズンズンとたまってくる激痛…。それが見事に消失している。ベッドで熟睡できるということ。それがどれほど、身体に安息を与えてくれるかを、今、実感している。身体の奥底からのくつろぎ、として…。

〔**7／7土曜**　冷やし中華など、頑張って食す。色々少しずつ試す。食べるのに時間かかる。麺類は口のなかにとどまるので厳しい。夕方、葉山まで車教習してもらう。海を車内から見る。直史が直接、海を見るのは最後〕

7／8日曜

部屋からの朝焼けがキレイ

…でゆい、パパ思うんだけど、パパ病気じゃないか。パパとしても、なかなか体の自由が利きにくくなってるのが、なかなかもどかしい限りなんだけど、そんな時にお前にせよみほにせよ、なんかパパのこと励ましてくれるんだよ。みほはパパの体調気にしてくれるし、お前はこのところよく、パパのお部屋来て、「よう、ガンバッテルか?·?·」コールやったりして、それもなかなか楽しいぞ!〔交換日記〕

〔夕方康代が車を出して直史と図書館、西友へ〕

7／9月曜

日赤抗がん剤

〔投与中に直史は仕事をするのでPCを使うが、この日忘れたため康代はPC取りに逗子と日赤を二往復する〕

7／10火曜

血便

抗がん剤入れて二日目12：15家を出る

どうしたのだろう。昨週末に麻原死刑執行があり、久しぶりに森〔達也〕さんと連絡を取った。本日が〆切だったが、1日早くの原稿をいただき、昨日がベクティビクスだったので田澤君に任せた。直接の編集は山下憲君が担当してくれた。

それはとても安定した仕事展開だったのだが、それと別に、何かが心に応えた様子だった。それは、自分の身体が既にいざという時に使いものにならなくなっているという衝撃だったろう。

身体はしょせん機械のようなものだ。精神が安定していても、壊れる時はいつでも壊れるだろう。そして、精神をも連れていく。それはいわば当たり前のことで、かつ仕方のないことだ。精神がどこに行くかは、神さまが考えてくださることだ。その神さまは、必ずどこかにいる。だから、衝撃はそこにはない。むしろ、おれが使える時間の量だ。

貴重に使わなくてはならない。そしておれの記憶を…、おれをおれたらしめた記憶を、毎日少しずつでも…ほんの少しずつでも、書きためていかなくてはならない。

腎機能でカテーテル補設を行い、2週間顔面の皮膚障害に苦しんだかと思えば、今度は貧血症なのだという。次から次へと関連症状の見舞いを受け、ろくに仕事のことを考える時間もなくなる。

とりあえず、週1で続けてきた「生きることば」を全30回でいっとき中断してみる。そこで何が見えてくるのだろう、と思っている。やることはそれでも、おそらくたくさんある。

――・――・――・――・――

そうだ、そうだ。それ以前に食欲不振での体重減がある。

みほが昨日だったか夕食の時につくづく「パパやせたねー。大丈夫？」とほんとに心配そうに聞いてくれた。「私は外見重視の人だから、外見が変わったらみんなどう思うのかなーって思っちゃうの。」

そして今日夕刻、エレベーターホールで出くわした立花〔珠樹〕さんも、「そのやせ方、大丈夫なのか。くれぐれも気をつけて」と言っていた。おそらくは全ての人が、口に出さなくとも、そう見ているのだろう。おれも同じように考え、頭髪については対策を考えていたが、食欲不振は考慮外だった。もちろん、すべきことは、食うということのみ、ではあるのだが…。

7／11水曜

この帳面に朝書き入れるのも初めてかも知れない。たしかに、思えば、書き留めることは沢山ある。先週末の7／1（土）にオヤジオフクロが葉山に来て、夕方からマリーナに寄り、久しぶりにここ〔ラマーレ〕で奢った。天気よく、海に太陽がまだきらめく時間帯のテラス席で、赤い夕焼けもすばらしく、オフクロオヤジも堪能していただろう〔…と思う。〕

案の定、オヤジとは最後にケンカをした。大した原因はない。病状を告げるオレの顔色をのぞき込む物腰や声色が無性にいらだたしく、腹に据えかねただけだ。

恒例行事だ。オヤジよ。おれたちの昔からの関係性が生んだ現象としか言いようがない。スマンが、そう理解しといてくれ、としか、おれには言いようがない。責任の半分はオヤジにある。だからそう頼む。

食った料理はたしか、オヤジが、妙にイワシを食いたがり、タタミイワシ（何だか知らなかったのではないか…）のタルタル、魚貝のサラダ、こってり味のガーリックパスタ、パテ、チーズ盛り合わせ。

イワシのソテーといったところか。

　夕陽はうつくしく、海に沈んだ。おれたちは、遺志を残す弁護士は必要か…などの話もした。もちろん、ただおれが聞いてみただけで、それに驚いてオヤジは前述のような対応をしたのかもしれないが…。それ自体は単なるふとした話だ。まあしかし、いい夕食だった。おれとしても気持ちのいい時間になった。

　そして、今、あれこれ書き始めているのも、オヤジが執拗に…「ちゃんと日々のメモはとっているのか」などと、繰り返したからかも知れない。ただし、特に礼を言うつもりはない。

　さて、こんなことをも書き出したのは、時間の有限を、意識し始めたためだ。あくまで、主観的には、死ぬつもりはない。ただ、昨夜したためたように、単なる機械である身体は壊れるかも知れない。ただし、そこで消失してしまうのは余りにも口惜しい記憶ぐらいは、少しはあるだろう。そのことを、少し、考えていきたい…のかもしれない。今、まだ書けるうちに。

　ベクティビクスはおそらく体感的には効いている。一昨日、何本目かのクスリを打ち、今は朝の痛みも消失している。6月初旬の皮膚障害の再来も、今はまだない。

　今は朝6時半。その意味で快調で、もしかしたらこのクスリが、おれに時間を与えてくれているのかも知れない。

　けさ方は、起き抜けの夢うつつの浅い夢で、講談社が、音羽の、出版文化のメルクマールタワーになっている夢をみた。おれにとっても、本当にどうでもいい夢だ。しかしなぜか、今はこんな夢でもアホらしいがわるくない夢だ。

　たまに、こんな風にも書いていこう。

世界よ、今日も1日コンニチハ、という感覚だな。重ねて記すが、今も痛みはない。そして、今日も気持ちいい晴れだ。

7／12木曜

帰宅後38発熱　歯科17〔電話？　受診？〕

7／13金曜

38発熱のまま会社休む

〔**7／14土曜**　朝、熱37へ。手製のジュース2杯飲める

桃、玉子、ほうれんそう、豆腐、しじみ、納豆、米…少量だが口にする

昼、冷やし中華少量。その分、夜は、魚佐次の鰹刺身手をつけず〕

〔**7／14、15**　猛暑続く。直史の手帳に「大転換」と記載〕

〔**7／15日曜**、近所の西友まで自分でプレミオ運転。運転はこれが最後〕

夜、再度38発熱

ロシア映画　チャイコフスキー　流し見る

〔**7／16月曜祝**　37.8↓36.6↓37.8いったり来たり心配

昼、一日熱が下がり、小坪漁港まで康代車教習がてら、つき合ってくれる〕

7／17火曜

熱38・9→36・5迄さがり、13：45日赤

CT撮る→膀胱、肺への浸潤？

〔康代仕事のため帰宅は直史一人で、恵比寿駅でグリーン車を30分待ったらしい〕

夜、長女とロミオとジュリエット〔オリビア・ハッセーのＤＶＤ〕

「ウエストサイド物語」の原作になった「ロミオとジュリエット」というシェークスピア映画の冒頭の舞踊会とバルコニーのシーンを見ました。…一緒に映画をまた見に行こうな。〔回顧録〕

7／18水曜

芥川直木賞　9時逗子駅送、20：25逗子駅着迎え

…ゆいさ。昨日夜、パパんとこのお部屋に来てさ、パパにお似合いのズボン買ってくれたろ。なんかレモンとタバスコとあと何だったかな？　なんかパパグッズがあしらってあってさ。そうだ、カキだ‼何かゆいが街で気が付いて買ってくれたんだってさ。面白いお買い物、ありがとな。…パパはモデルになってお目目を大きく開いていくつもポーズをとりました。そうそう、ちょっとしたお出かけの時とかもはいてみようと思うよ。〔回顧録〕

7／19木曜

〔19：08逗子駅着迎え〕現論休み　最終仕切り

7／20金曜

〔19：30タクシー帰宅〕

7／22日曜

〔小坪漁港へ康代の車で〕

〔**7／23月曜**　ＫＥＮＷＯＯＤオーディオ、修理終え康代が上大岡まで引き取り、直史喜ぶ

夜、直史の部屋で、生きることばへ　小林秀雄の30回目について、歴史とは、個人の歴史とは何かについて二人で話す〕

〔**7／24火曜**　吐き気、桃と手製のジュースのみ口にできる
この頃帰宅後は　ほぼ2階の書斎と寝室で生活、下に降りない。
但し、出社はしている。〕
〔**7／25水曜**　お盆に家族で食事会でもしたいと直史と話しする〕
7／26木曜
〔結果として最後の出社となる〕
17～懇親会〔予定だったがキャンセル、11出社18帰宅〕
7／27金曜
ベクティビクス〔フォルフィリ併用〕
致命的な効果〔直史の表現だが皮肉めいている…康代付き添い
主治医不在で代診、緩和ケア医受診も〕
7／28土曜
〔比較的元気。抗がん剤直後は往々にして元気だが…〕
小坪漁港へ〔魚市場残念ながら臨時休、途中ガソリンスタンドで康代の車内にすずめが飛び込む事件？〕
〔これより少しずつ体調悪化、入院まで本人の日記なし〕
〔**7／29日曜**　食欲不振。車に乗ってでかけられず
夜、lost horizon ミュージカルＤＶＤ〔直史が子どもの頃見た懐かしい〕を一緒に鑑賞。
→直史、歌ったり出来る。食べられない以外は大丈夫〕

〔7／30月曜　だるさ発熱38で会社休む　加藤部長とmail〕
〔7／31火曜　ほぼ食べられず木曜からずっと吐き気、喉につまる。緩和ケア医の弁通りか〕

〔8／1水曜　昼フルーチェ少し　玉子は吐き気
水分はカルピス→痛み止めの麻薬、オキノーム等を飲むので水分は取れている
康代仕事前に握手　握力下がったと感じる。
昼、クロワッサン、ヨーグルト、フルーチェ〕
〔8／2木曜　康代午前仕事→昼帰宅
直史たべのみしない、寝てるだけ　こっちから何か働きかけすれば。
動くのが辛い、夜吐き気　大雨、雷雨〕
〔8／3金曜　状態悪い　本人入院したくない気持ち強い。
日赤電話、主治医オペ中
康代不安で逗葉医療センター電話→日赤の返信待ち
しょっちゅう声掛しないとずっーと寝てる。骨が出てるなと思う。
康代　そろそろ自分の職場に伝えないと　そのことを集中して考える〕
8／5月曜
そろそろかな…と思ったのがもう2週間も前になるだろうか。
その時に感じたのは、節目の感覚のようなものだろう。「生きることばへ」の最終回を提稿したのが24（火）。その1週前が小田実の回。

クスリにほんろうされ、しかし、7月は間断なく熱の上下はあったにせよ、まだ動けていた。そして、26（木）に予定していた宇野〔隆哉〕さんとの約束を体調不良でキャンセルしたのは、よほどのことだったろう。そして、クスリを投与し、今は気息えんえんということになっている。

1週間、ほとんど何も食えずに寝てばかりいた。

命は閉じようとしているのだろうか。

そこで何を書けばいいのだろう。書くことはさほどはないのかも知れない。しょせん、おれの記憶の中にあるものと、今の実感ぐらいしかなく、あとは記録。いや…自分自身の気なぐさめみたいなものだろう。それで十分か。命なり、生きることについては、ずい分といろいろ書いた気がする。学ぶこともできた。

ほかにまだ何かあるだろうか――。あるのかも知れない。少なくとも、死ぬまでに、まだ時間はあるだろう。そこにめぐってくる思いのようなものは、まだまだあるだろう。そこで見えてくるものは、あるいは面白いのかも知れない。…そうだな…それはたしかに、きっとそうだ。うーん…。なんつうか、これは独り言だな。そもそも、そんなもんなのだから。

まあいい。しかし、いつまで生きられるのだろう。冬は大丈夫だろうと勝手に思うが、いつどんな形でくるのかあくまで分からない訳で以前書いたが、恐怖という点ではこれは死刑囚と同じだろうと思う。

違うだろうか――。国家が罪を明示しての殺人と、流れ弾に当たったたような不条理な殺人は、意味的には違うだろうが、宣告された死を受け入れようとする不条理さは同じではないか。ただし、死は全ての人間に予告もなしにやってくる。

〔**8/5日曜**　7:45起きて水分を摂り、話する　直史の仕事、日赤、抗がん剤…

結果、今月一杯休むかと本人覚悟する。

少し元気に　生トマトジュース〔レモン入り酸味効かせる〕

バナナ少しだけオレンジ、酸味甘味の舌の感覚が麻痺

先週土曜から、お茶が甘くて飲めない、カルピスは無理〕

〔**8/6月曜**　康代職場に初めて事情を伝える

夕方、日赤主治医から本人へ電話、↓8/9木曜　日赤入院手続き〕

〔**8/7火曜**　台風　曇り涼しく　ゆい仕事休みで1日いる

朝　トマトジュース〔手製の〕サンドイッチ〔食べられず〕13:50からは、ゆいが相手する。

トマトジュース美味しいって、クッキー少しだけ食べた、

ベートーベンの曲一緒に聞いてお話したよ…　ありがとうゆい〕

〔**8/8水曜**　仕事中気になり早め帰宅〕

〔**8/9木曜**　入院　タクシーで日赤

ゆいみほ娘2人見送り↓覚悟してと2人に言う。二人からは「大丈夫だからと言って」と諭される〕

〔以下、入院後の直史の日記

体調が落ち着き、備忘録として再開〕

8／10金曜

みほしりとり〔20時、ゆいも来る。しりとりしている。入院してからお粥とか食べてるよ。すごい。↓ゆい〕

沖縄出身の看護師〔と仲良くなる〕

〔主治医から、顔色悪い↓肝転移もあり　11時行くと寝ている〕

8／11土曜

みなさん！　今は病室です。トーチャンはすこおし痛みにたえながら家族日記書き始めました。雨が降ってきました。…入院はタクシーにして良かった。なぜならパパはほんとにしんどかったのです。歩くだけでハアハア言ってました。朝、タクシーが到着して出てくる時、パパはドアをあけただけでもうびっくりしてしまいました。外はものすごくあっつく、ものすごくまぶしかったのです。外出はもう2週間ぶりでした。そう！　トーチャンは7月末にクスリを打った時から容態が悪くなり、ごはんが食べられなくなっていたのでした。まるで、バナナが半分しか食べられなくなりサッチャンどころでもなく、全く食べられなくなっていました。まずいぞ！　このままじゃ死んじゃうぞ！　トーチャンは決意しました。夏のお休みの時期を利用して入院することにしたのです。そして朝、まぶしさの余り、思わずフラフラとしたトーチャンをみほは支えてくれました。ありがとう。

木曜より入院。7月末の化学療法から全く何も食えなかった。とにかく異様だった。クスリ入れた直後、最初の1日はまだＤＶＤなどを見る余裕があったがそれからひたすらの眠気に入り、何日かして気づけば、歩くだけで息が切れ、すぐにベッドに転がってハアハアと呼吸をして休むばかりの日常になった。

そして、吐き気がして、何ものどを通らない。いつか気がつけば、クスリ投与からの2週間、胃袋に何も入らず、ただ、ひたすらクスリのみを胃袋に流しこむ日常になっていた。そこに到ると、さすがに恐怖を感じた。このままでいいはずがなく、ほおっておけば死ぬだけだと。ためらいなく入院を決めた。

8／12日曜

激烈な痛み

オキノームも効かない→2時間4〜5包

〔日赤からの、夜景は素晴らしい。

この日から康代職場の夏休みが1週間ある→ずっと病室に〕

〔康代、生きることばへ30回を持ち込んで読み込む。原民喜は自殺しないほうがよかったんじゃないとか…。宮沢賢治のところは泣かせるとか。康代言いたい放題。

直史笑いながら聞いている〕

8／13月曜

薬を点滴と注射へ変更

①点滴だと、吸収しやすい　②退院時の定量　およその傾向みるため

〔今迄に無い痛み　オキノームの点滴で持続鎮痛

→段々意識レベルが下がっていくかと康代不安に。

若松英輔「魂にふれる」読む　ICコーダーで家族との対話や直史の音声を録りまくる
みほが、スタバのマンゴースムージー差し入れ→直史美味しいとおかわり〕
〔8／14火曜　沖縄、福岡、大阪等の直史の友人に現状を初めて伝達する〕

8／15水曜

戦後73年の終戦の日だが、頭は自分の体調の維持で占められている。体力回復というが、つまりは何を目標にすればいいか。さすがに入院後は、食事は胃に入り始めている。カユが中心の病院食だが、時には美味しく感じるようになった。ただし、体重は、この間47kg。そして、今の懸案は痛みだ。日曜の夜、痛みはピークに、で、かつ、オキノームを何包のんでも痛みは解消されないようになった。これには恐怖し、しかし痛みは収まらずベッドで七転八倒し、うめき、地獄のような一晩をすごした。

翌朝、痛み止めを点滴と注射に変え、退院後のクスリの量を計測することになっている。

〔8／15水曜　体調不良で康代日赤行けず。ゆい午前日赤へ〕
〔8／16木曜　午前みほ午後から夜まで康代。
直史、歩いてみる　洗髪室まで。持続的な点滴での鎮痛で痛みは少ない。眠気。
持続的な鎮痛だが、痛みが増すときにフラッシュ（一時的に鎮痛剤を増量すること、ナース二人体制厳重）をナースコール。
秋めいて涼しい〕
〔8／17金曜　外まで車椅子で日赤の下の庭でタリーズのムースを飲む。機嫌いい〕

8／18土曜

「闘病中」〔と手帳に大字〕

今、パパとママでラウンジにいます。さっきまで、みほが来ていました。きのうはゆいが来てくれて、パパにとっては嬉しい時間です。絵は何日かのみんなの姿です。特長をとらえるのに苦労しましたよ。よく見ると誰もがとっても大人です。「お前らみーんなオトナだじょー！」と心で叫びました。〔交換日記〕

〔血圧が一時的に低下。心不全の可能性。その後持ち直す〕

〔**8／19日曜**　康代友人からLINE→心が軽くなる。世間は夏休みなんだ。去年の今頃は家族で沖縄だった〕

8／20月曜

減量→浮遊物→主治医3か月宣告　部屋に呼び込ませた

〔主治医より直史本人と同席で呼び出される。後3か月位と覚悟してくださいと。本人にも直接。かなり覚悟した表情。沈黙になる。しかし、すぐに、医者の言うことは信じないから、と言う〕

佐伯〔啓思〕現論〆切　配信29日

6F面談〔日赤ターミナルケアホスピス〕

〔**8／21火曜**　家族4人でラウンジで、夜。

娘たちは、お菓子パーティーと言う。

スムージーを口にしてなごやか。二人が車椅子を交互に押す。嬉しそう〕

〔**8／22水曜**　痛みが強く、フラッシュの回数が多い。ターミナルケアの6階を見学。本人は悪くはないとの感想。但し、抗がん剤を止めないと入れない。止めるつもりはまだない〕

〔**8／23木曜**　病院下の図書室で、「決戦川中島」「ガン回廊から」借りる。久々下の階へ。行き歩き、

帰り車椅子〕

みなさん。さて今週に入ってもゆいみほままは、相互に入れかえで来てくれます。ありがたいなあ…とパパは思います。パパは実は一人でこつこつ本を読んだり、音楽聞いたりすることがとても多い人物なのですが、この心遣いに満ちたみなさんのあたたかさには、感動しているのです。みなさん、ありがとう！　加えて時々のラウンジでの宴はとても楽しいものですね。…要するに、写真ばかり撮っているのであります。画像にのせるのはそのうちのわずか一部であります。ならばみなさん！　撮りに撮りためた膨大な写真群は、今後いったい、どんな運命をたどるのでありましょうか?!〔交換日記〕

きのうの車いすの運転で、ラウンジに行くときにみほがパパの乗ったやつを押してくれたのです。んー、たしかになかなかうまかったですね。お前は小さいころから、ゴーカートとか好きで、とびつくように一気に遊具の近くに駆けていってしまうのです。「元気な子だなあ…」というお前の印象になってしまいました。そして、ゆい、お前は本当にお父さん思いの優しい娘です。毎日のようにお父さんを面会し、お前の細かい心遣いがそうした時間になっているのだと思います。だから、ゆい、ほんと色々ありがとな！　ただ、ムリはするなよ！　ムリするとつかれちゃうから、ムリするなよ〔交換日記〕

8／24　金曜

佐伯現論編集19～点滴台で。

「関ヶ原」下〔入院中は司馬遼太郎「関ヶ原」と「城塞」を手近に〕

〔直史、退院したい思いが強いが点滴で元気な分、康代は退院に不安〕

8／25土曜

康代と川奈〔日赤病院一階レストラン〕

海鮮丼、うまくて喰うが、途中吐き気

8／26日曜

入院してからもう、かれこれ1か月だな。…しばらく前から、やすよのあたたかい心遣いに包まれている気がする。運転もそうだよ。やすよは完全なペーパードライバーだったのが、必死になって練習してくれたんだ。…おれは7月末のベクティビクスから、完全に体のバランスを崩してしまった。やらなきゃよかったと思うが言ってもはじまらない。そこから入院までのまさに異様な2週間が始まった。

朝起きる。しばらくまどろんでいて、また眠りにすいこまれる。やすよが準備してくれるトーストとジュースの朝食に手をつけることさえできない。そして、午後2時前、やすよの「行ってきます！」の声かけで目覚める。しかし、それだけなんだな。すぐに3度眠りへと引きずり込まれ、起きるのは20時。やすよの帰宅時だ。そして体をひきずるようにして階下へ降りる。しかし〔回顧録の絶筆〕

〔金子の両親に、日赤に来てほしいと、直史が直接連絡した〕

何日かおいて記す。この日が退院日。

退院をめぐって、それをひきとめようとする看護スタッフに激怒するなど、あと、ほかに病状についてはたしかにだんだん切羽つまってきていることなど…1ヶ月前には見通せない変化が見えてきている。人は、ただひたすら、過剰におれを心配し、死ぬまでずっと体をチューブにつなごうとする。それは医療者の良心か？？　余計なおせっかい…いやいや、患者の生きる意志をそこなおうとする「暴力」ではないか――。

西部邁が病院死を、「スパゲッティ症候群」と呼び忌避した心情が分かるような気がする。

一応、その医療者とのやり取りを書き留めておこうか――。まずはその神経質さから、どうしても信頼に至らないナース。

次は以前から信頼しているナース。その二人が全く同じ問いかけをしたのに、腹にためていたものが沸騰する思いだった。「ねえー、金子さん、なに、退院するの？」「んー、…そりゃ、当面の治療が終わったら、当たり前でしょ。いったい、ほかにどんな選択肢がありますか？」やり取りはそこから。

8／27月曜

11：30〔日赤ホスピス〕6階レクチャー、ベクティビクス？〔どうするか？〕

〔晴れ 日赤の8階ロビーから富士山眺めながら衣笠ホスピス面談予約→昼食は粥を少々、康代の持ち込んだジュースを少し〕

8／28火曜

佐伯原稿出稿

〔**8／28火曜**　夜9時　研修医　康代　本人

→退院を希望〔本人〕→この状態で退院出来るのですか？〔康代〕→病人の気持ちが分からないと激昂〔本人〕→病室が凍る

退院しかないと覚悟〔康代〕、研修医と別室で相談。訪問医を紹介してくださるように主治医に依頼。後日紹介。

夜、本人から平場ですまなかったとmail〕

〔8／29水曜　退院準備　康代へのＵＳＢを作成→完成したらしくくれる。〔今までの写真やら音声など〕昨日の件は和解〕

〔8／30木曜　康代退院後のため部屋掃除→病院へ〕

〔8／31金曜　鎌倉の訪問ドクターへ康代のみ面談〕

9／1土曜

あー、もう9月かあー！　結局、今年の8月はパパはずっと病院にいました。そして、窓からいいお天気のお空を見ていたのです。でもパパはぜんぜん退屈しませんでした。なぜなら入院中、お前らが交互に来てくれていたからです。きのうなんかは、ゆいは昼からのお仕事の前に1時間半だけわざわざパパの病室を覗いてくれていたわけで、おととい、きのうと連続しておいしいものを届けてくれた訳なのです。…いちごのわらびもち…おいしいいちごの味のする「何か」でした。…でも、味や食感はやっぱりジャムだったぜ。〔ゆい交換日記〕

〔9／1土曜　発熱38・4　食べられない　イオン飲料を少し味薄めて〕

〔しばらく前から背骨下のほうが痛むのでさする。明日退院なのに、直史が康代に帰らないでと言う〕

〔退院後本人は9／3月曜〜12水曜〔亡くなる前日〕まで毎日以下のことをメモ〕

メサドン痛み止め…時間、服用量

オキサリプロチン…時間、服用量、回数
自己導尿メモ…時間、測る量
〔全て自分で計測、メモ〕

〔**9／2日曜**　昼退院→タクシーで自宅　落ち着いた様子〕

9／2日曜

今日がいよいよ退院です。8月はパパ、ぜーんぶ病院にいたんだな。長かったー！　みほはこの1か月、ほんとに何度も何度も来てくれました。あ、そうだ。…ひとつみほにあやまらなくっちゃ。せっかくみほがきてくれているのに、気が付くとただただひたすら寝てしまったのでした。パパは後で地団駄ふんでくやしがりました。せっかくみほが来てくれていたのにー。パパもほんとに楽しみにしていた「パパミホデート」だったのにー！　ごめんね、みほ。〔みほ交換日記〕

〔**9／3月曜**　10時訪問医チーム　看護師、医師、コーディネーター来訪
仰々しく感じたのか本人はとまどう→次回訪問は9／17にする。
ゲップが止まらず苦しい　市役所の介護申請は勧められたが、本人承諾せず→様子見〕
〔**9／4火曜**　薬剤師来る〕

9／5水曜

食事11時 クロワッサン

14時 かゆ
21時
ほぼ8：03起き
午前眠くてかなわず、あとは、痛み。セレコックスをきのう分のみ、早朝の痛みは退く。午前〜何もせず
　メサドン途中で吐き気 激痛　日本茶で流し込む途中。時間少しおいてオキノーム
〈整理〉　PC内部　部屋内→捨てる→どれ程かかる　日誌類
〈やること〉　住所録整理→何回
〔**9／5水曜**　康代の職場近くで長野パープル発見。直史美味しいとのこと、久々、口に出来るものに遭遇。よかった。この後は食べられない〕
〔**9／6木曜**　衣笠ホスピス面談〔康代車、駐車のことで直史に叱られる、高速利用〕金子の両親に9／9日曜来てもらうことを約束する〕
退院して1週間。半ばもうろうとし始めている。まず思いつき、その方向に向けて、体を動かさないと。思いついたことを、ひとつひとつつかんでいかないと、思いついたことは失われていく。一つ一つの足場をつかんでいかないと、時間は堂々めぐりになってしまう。
〔**9／7金曜**　夕自分の車〔プレミオ〕を動かそうとしてエンジンかからず→諦め
　次女の制止を振り切ってコンビニまで行こうとしたらしい〕
〔**9／8土曜**　6：30起き、すぐ寝る。10時起きやすよとプレミオ談義、

他、抗がん剤日赤へ、来週予定。タクシーか電車かなど話す〕
10〜15やすよ談義　13〜15プレミオ談義、昼食　メサドン
〔康代、昨日の車の件を心配→不本意だったらしく怒る。後で直史は納得した〕

9／9日曜

午前10：30〜トヨタ車出し→〔直史、車庫から出す。クルマを最後に動かす〕
〔14〜16　金子両親来る→その前トマトソースこしらえ、その後少しウトウト
トマトソースのパスタを振る舞う。キッチンに立つ。
ビールも乾杯するが、口にしみるので、赤ワインを所望。少し飲む。
両親とはまたの再会を誓う〕

〔**9／10月曜**　ほぼ二階で。書斎とbedroom行き来。穏やかに過ごす〕

〔**9／11火曜**　9：30日赤予約でベクティビクス単体〔体が耐えられる、本人のたっての希望〕抗がん剤入れる。自宅からタクシー、首都高が混雑。
待合室にての会話。薬の影響で眠くなってしまう。〔直史〕こんないい頭がきれなくなるなんて損失だなあ。〔康代〕何の損失？　社会の損失？ってこと？　それはアインシュタインの脳と一緒ってこと？〔二人で笑う〕
康代仕事のため、一人で支払いをし、タクシーで渋谷日赤から逗子自宅へ。ドライバーさんに、道順と症状のメモを渡すように作ったが、自分でナビしたらしく、つくったメモは手帳に挟んだまま。日赤の会計で相当待たされたらしい。帰宅後そのまま就寝していた〕

9／11火曜

ものすごい眠気!!
導尿管はつまって11〜13全く出ない

9／12水曜

〔自己〕導尿7：30、10、17：30
メサドン8、16
オキノーム
モサプリド12：45
7：30導尿は、リズムで数えて100回、ナースにもらった管で。10：00は尿意
17：30　35呼吸

日誌／新聞整理／子どもたちとの日記
放っておいたら寝てしまう。頭の中に声がひびく。それを書いている。
農家の物影からうっそうとしたミノを全身にまとった男たちが、オゥーっという高鳴りを上げながら出てくる。一行は農家のノキを練り歩きながら、鮮やかな高鳴りの合唱をしながらどこかへ立ち去っていく。

〔社メール　女子高生小説賞〔大妻女子大学〕〕

〔**9／12水曜**　康代　午前　直史依頼で、フルウィッグの修理に行く。

午前中、ベッドサイドで、仕事前のゆいと和やかに談笑したらしい〕

〔その日「…、じゃあ行ってくるね！」ってなって一枚写真をパシャリ。撮ってよかったと心底思ってるよ。そして手をぎゅっとし合いました。右手で。「いってくるね！」って最近のぱぱの手は冷たかった気がするけど、確か冷たくなく、あったかかったです。そして、相変わらずギューって強い力だったよ。（力強いなぁさすがぱぱ）って思ったもん。

…一階で支度を終えて家でるぞ！ってとき、二階にいるぱぱが、「いってらっしゃい！」って大きな声で叫んでくれたんだ。ゆいも大きな声で

「いってきまーす！」って返したよ。これがぱぱとの最後の会話だったね。

「ゆい交換日記」ゆい記述〕

〔昼、粥を少し口に。フルーチェとジュース、カルピス。仕事に行く前に両手握手。行ってくるね。…これが最後の会話。午後部屋の整理と社内へのメールをした痕跡あり。

帰宅後、既に就寝していた。義母の夕食も手付かずのまま。

…深夜「布団を掛けてくれないか。…もう一枚かけてくれないか…。」という直史の声が最後になってしまった。〕

〔**9／13木曜**　未明、大腸がんのため死去。

訪問医の立ち会い。〕

〔長い闘病生活、本当に辛かったと思うのね。でも、パパは少しでも良くなろうとしていっぱい治療して本当にお疲れ様。辛いし痛いのに本当によく頑張ったね。でもあんなに頑張ったのにどうして早く天国にいっちゃったの？　まだパパと行きたいところあったし、旅行も行こうって話してたじゃん。悲しいとかじゃなくポッカリ穴があいた気分です。…幸せで最高な生活をありがとう。「みほ交換日記」みほ記述〕

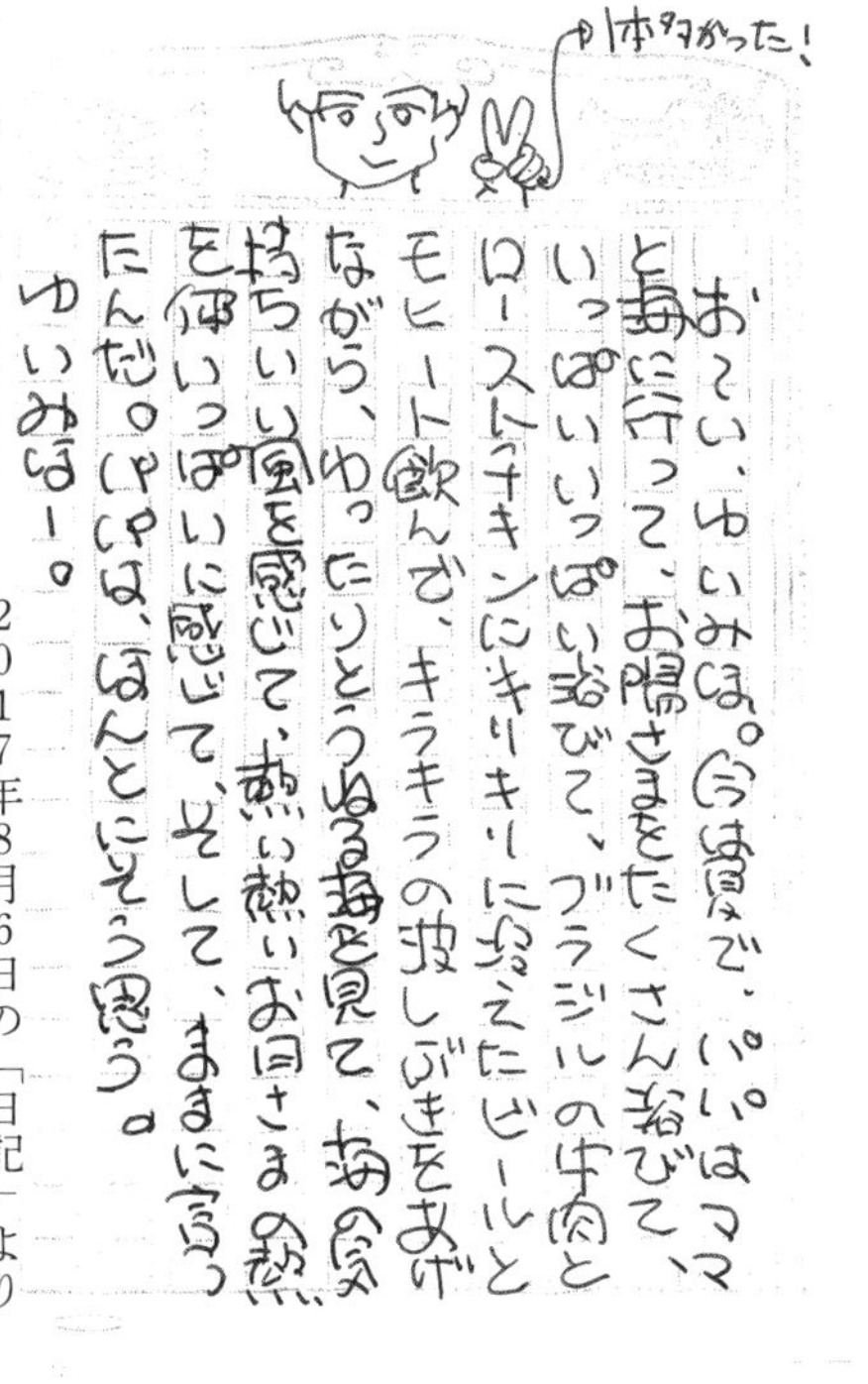
おーい、ゆいみほ。今日はね、パパはママと海に行って、お陽さまをたくさん浴びて、いっぱいいっぱい浴びて、ブラジルの牛肉とローストチキンにキリキリに冷えたビールとモヒート飲んで、キラキラの波しぶきをあげながら、ゆったりとうねる海を見て、海の風を気持ちいい風を感じて、熱い熱いお日さまの熱を体いっぱいに感じて、そして、ままに言ったんだ。ゆゆは、ほんとにそう思う。
ゆいみほー。

2017年8月6日の「日記」より

著者によるスケッチ

特別掲載

ある記者との糸電話

窪島誠一郎

※本稿は信濃毎日新聞に2019年3月16日、「思索のノート 「変節」のゆくえ⑫」連載コラムの最終回として掲載されたものである。

連載最後の稿となったが、最近亡くなった通信社の記者Kさん（編集部注：金子直史氏のこと）のことをどうしても書いておきたい。「書くこと」は「生きること」であり、「生きること」は「書くこと」であるという必然を、身をもって教えてくれた人だからである。

私が昨年8月がん手術を受けたことは何回めかに書いたが、入院中に共同通信社の元文化部長で編集委員をつとめられているK記者から電話がかかってきた。一昨年の私へのインタビューでスタートしたK記者のコラム「生きることばへ──いのちの文化帖」が、7月末をもって無事30回の出稿を終えたという報告だった。

「やはり、戦没画学生の話から始めたのは正解でした」

電話口でKさんはいう。

「画学生の絵は反戦平和のために描かれたものではなく、愛する妻や家族に捧げられたものだという視点がすべてでした」

コラムは「無言館」の取材から開始されて、正岡子規の「病牀《びょうしょう》六尺」や、米国の批評家スーザン・ソンタグががんで死去するまでの闘いを綴った愛息の手記、広島、那覇での勤務体験からKさんが得た、戦争によって命を絶たれた無辜《むこ》な民たちの記憶のことから、やがて沖縄の基地問題や戦後社会、近代に対する識者たちの問いにまでペンはすすみ、最終回はK記者自身の「いずれ稿を改め、より広い視野を想定しつつ、人の生と死を考えていきたい」という言葉で締めくくられていた。

私のインタビューが載った第1回が終わった後も、K記者は律儀にかならず何回分かの掲載紙をまとめて信州に送ってきてくれていたので、記者がその後も並々ならぬ意欲でこの企画に取り組んでいることがわかった。そして、そのコラムが回を追って、どこか追いたてられるような熱度を帯びて書きすすめられていることに、私は何となくふしぎな気分を抱いたのだった。

初回のコラムで、K記者はこうのべていた。

「人は普段、いつもの平穏な日常が続くことを疑わない。だから思いも寄らない病や命の危険に突然直面すると、未来への不安、死への恐怖が避けようもなく広がる。そこで人の生、そして死は、どう見えてくるだろう。その問いに正面から向き合った文化人らの作品を読み解きながら、生きるための希望を探りたい」

ある新聞ではコラムが掲載されていたのが、どちらかといえば献立のレシピやファッション特集などで埋まる家庭文化面だったので、真っ正面から「生と死」をテーマにすえたK記者のリード文は、読者にはいささか奇異にうけとられる可能性もあったろう。だがそこにも、このコラムに賭けたK記者のある執念のようなものがうかがえて、私は息をつめたのである。

入院中の私にかけてきた電話で、Kさんはしきりと「覚悟」という言葉をくりかえされていた。

「やっぱりぼくたちは画学生の絵にある覚悟を見習わなきゃいけませんね。死んでしまったら、もう二どと文章は書けないんですから」

たぶんKさんがいいたかったのは、絵であれ文章であれ、そこには「生きている人間としての覚悟」が必要だということだったのではないか。

Kさんの電話をうけたのは、私がちょうど午前中のリハビリを終えて、東京慈恵医大病院

17階の休憩コーナーでぼんやり外を眺めているときだったのだが、何だかちょっと変な気がした。というのは、窓からみえる目と鼻の先にKさんの勤務先である共同通信社が入っているビル（汐留メディアタワー）があったからである。Kさんにはがん入院のことは知らせていなかったので、かれはてっきり上田の美術館で私が携帯電話を耳にあてていると思っていたにちがいない。しかし、私たちはまるで、子供の頃あそんだ糸電話のような近い距離で会話を交わしていたのである。

それから2、3カ月して、別の件で取材にきた同僚記者から、私はKさんの訃報を知らされることになる。Kさんは連載コラムを終了した1週間後にがんの進行で再入院し、9月13日に息をひきとった。58歳だった。

Kさんは「生きることばへ――いのちの文化帖」を開始する直前にがんを発症、連載中は入退院をくりかえしながら、日夜執筆と資料あつめに没頭されていたという。「無言館」への2どにわたる取材も、そんな病身をふるいたたせての決行だったそうだ。Kさんにとって、この30回のコラムは記者人生の総括といってもいい仕事だったのだと思います、と同僚記者はいった。

「生きる覚悟」「書く覚悟」――私は（たがいに自分の病を隠しながら）K記者と交わした糸電話の会話を、一生忘れることはないだろう。

（「無言館」館主・作家、上田市在住）

解説
金子直史さんのこと

黒川　創

1、最初の出会い

金子直史さんと私は、二〇年近くのあいだ、親しい付き合いがあった。

彼は、文化担当の通信社記者だった。一方、私は、作家で、また、ごく小さな版元を仲間と運営する出版人でもある。だから、彼と私のあいだには、取材する側と取材される側、あるいは、自分たちがつくった本を報じてもらう立場という、互いの違いを踏まえた一定のけじめの感覚のようなものが働いてもいたと思う。だから、少年時代からの友人のように、おまえ、おれ、と呼び捨てにしあう関係とは違っている。「金子さん」「黒川さん」と呼び合うくらいの付き合いだった。

初めて彼から電話がかかってきたのは、二〇〇〇年の年の瀬で、最初に顔を合わせたのは、年明けの二〇〇一年一月一二日だった。きっかけは、私の「もどろき」という小説が、二〇〇〇年下半期の芥川賞候補の一つとされたからだった。いまはどうなのか、よく知らないが、当時は下半期芥川賞の選考会は一月なかば過ぎで、それに二週間ほど先立つ年明け早々に候補作数点が発表されていた。だが、報道機関には、候補作についてのリーク情報（？）が前年の年の瀬に流される、という慣例があった。つまり、この期間のうちに、報道機関の文芸担当記者は候補作についての予習を済ませておいてください、という趣旨だったのだろう。

だから、その年末から、私の自宅には、各社の文芸記者たちから電話が入りはじめた。もしあなたの作品が受賞した場合、すぐに記事を出さなければいけないので、いまのうちにインタビューさせておいてください、といった用件である（「もし落選しても、なんらかの形で記事にはします」と、決まって付けくわえられる）。

私は、いささかウブで、こうした取材は受ける気になれなかった。だから、それぞれの記者に対して、「もしも受賞ということになれば、その日のうちに必ず取材を受けますので、事前の取材はカンベンしてください」と頼んで、なんとか切り抜けようと試みた。ほとんどの記者たちは、それで引き下がってくれた。だが、「共同通信の金子」と名乗った記者だけ、いっこうに聞き入れてくれない。こちらが懸命に断わる理由を説明しているあいだは、「……はい……うんうん……はい」などと受話器の向こうで相づちを打っているのだが、ひと区切りがつくと、「はい、それはわかりましたが、（取材の日取りは）いつにしましょうか」といった調子なのだ。

いまどき、むしろ珍しい「ブン屋」じみた気質が、彼にはあった。私は根負けし、年明け、都心に出る用事のついでに、不承不承、この記者に会った。どんな話をしたのか、覚えていない。小説も受賞しなかった（彼は何か記事を書いたのだろうが、これについても覚えていない）。でも、以来、ともかく金子直史という記者とは付き合いが生じた、という次第である。

それから、二〇年近い付き合いを通して、ブン屋っぽい印象は変わらない。ハンサムな男の部類だと思うのだが、身なりに構わない。胸元に、ひもで老眼鏡をぶら下げている。あるときなど、前歯が抜けたまま、長いあいだ過ごしていた。たばこを吸い（最初のがんの手術まで）、酒をたくさん飲んだ。とくに彼はビールが好きで、向かい合って話しながら、ふとよそ見でもすると、目を戻すまでのあいだに、さっき満杯だったジョッキがもう空になっている、という具合だった。こんなに大量のビールを飲む人間を、私はほかに見たことがない。

酒で乱れることはなく、飲みながら議論することを好んだ。話題は、文化部記者としての領分に重なるものが中心だった。自説に拘泥して激昂するようなところはない。どちらかと言うと、むしろ、人の話を聞くのが好きだったのではないか。にやにやしながら、ほ、ほー、などと、やや低い声で相づちを打ち、相手の話に耳を傾けていた。

私より金子のほうが、学年にして二つ上。だが、彼は大学に六年いたそうで、卒業し、社会に出るのは同じ一九八四年である。われわれの世代の記者たちは、忙しい。一人当たりの仕事量が、著しく強化されていく時代を過ごしてきた。責任あるポストに移ると、さらに仕事は増す。つまり、一緒に酒でも飲もう、というような機会さえ、よほど意識的に設定しないと、実現が難しい。それでも、金子は、同期や後輩のおおぜいの記者たちといっぺんに顔を合わせる機会を設定してくれたりした。なぜ、それほど好意を示してくれるのかは、よくわからないままだった。

2、仕事の流儀

たまに、何かの授賞式後のパーティなどで、記者たる金子と顔を合わせることがあった。そういうとき、彼の身ごなしには独特のものがあるように思われた。

壇上でお歴々の挨拶などが続くあいだ、会場のうしろのほうで、知人とぼそぼそと雑談したり、立食用のビールなどに口をつけたりしている。だが、気になる人物が壇上に上がると、「ちょっと、これ、聞いてきます」などと言い置き、人垣をかき分け、会場の前のほうに進み出て、話を聞いてくる。その緩急に、彼の持ち前があるように思われた。生まじめではないが、ずぼらでもない。政権批判の大きなデモでもあれば、興味を持って見にいくが、自分自身がデモの渦中に飛び込んでしまうようなところはない。むしろ、デモ行進は飛ばして、出発地点と到着地点での関係者たちのスピーチだけは遠目から見ている、といった身ごなしだった。デモ参加者たちより、少しだけ低い体温を保っている。だが、シニカルというのではない。

著者インタビューや書籍紹介などでは、歯ごたえの強い文章を書いた。ふつう、文化部の記者としては、もっと口当たりの良いまとめ方に「熟練」を見いだすことが多いのではないか。だが、彼の文章は、むしろ、取り上げる著作でいちばんの難所となるところを読み解き、その論旨を嚙み砕きながら、たどっていく、という書き方である。

こういう、取っ付きの悪そうな記事は、地方紙の読者には敬遠されるのではないか、と思われがちである。だが、現実には、そうでもないらしい。「本」に関心がある読者は、こうした記事も腰を据えてじっくり読む。たとえば、私自身が関わる小さな版元、編集グループＳＵＲＥでは、取次や書店を通さずに、読者から直接購入してもらっている。だから、金子が書いてくれた書籍紹介の記事などが地方の新聞に載ったさい、その地域で、どれくらい読者からの反応があったかは正確に把握できる。金子が書いた記事には、概して、とくに反応が多かった。地方の読者は、地元の書店が滅びていくなかで、渇くように「読書」を求めている、そのことの現われなのではないか。無骨にも映る金子の文章は、そうした未来にわたる現実に応えるところがあったと思う。

金子は、グチやゴシップめいた噂話を口にしない人だった。この本がおもしろくて読んでいる、とか、いま自分たちはこういう新しい仕事に取り組んでいる、とか、もっぱら、そういった明朗な話し方をした。文化部長をつとめていたころ、彼は、たしか、自分が所轄することになる本社文化部の同僚記者は、四〇人に上ると言っていたと思う。そのときにも、若手記者の名前を一人ずつ挙げながら、彼（彼女）はこういう分野の記事が得意なのだ、といったことを話していた。後輩たちそれぞれの仕事ぶりに、こういう目の向けかたをするものなのかと、私はひそかに驚いた。

だが、そういった目を持ちながら、実際の職務において、これらの部下たちへの人事や査定をめぐる判断も下さなければならないという現実は、相当なストレスとなるのではないか。いや、これは、社会の「組織」における常だろう。そして、まさにそれゆえ、私のように気楽な浪人稼業で世を渡ってきた者の目には、この世間が何かすさまじいストレスの網の目となっているようにも感じられる。

金子直史が、いかにも「ブン屋」的な風采とは対照的に、実は、麻布高校、東大とエリートコースを進んだ東京っ子で、父上も東大法学部丸山眞男ゼミ出身の警察官僚という、どうやらお坊ちゃん育ちなのだ、と知ったのは、付き合いを重ねて、ずいぶんのちになってのことだった。おそらく彼は、周囲から期待されるレールに乗るのとは違った生き方を、自分自身で選び取ろうとする若者だったのだろう。

「日記」のなかに、勤め先に近い新橋の町で、黙々と店先でたまねぎを剝いている喫茶店主の姿が目に留まり、惹き寄せられるくだりがある（二〇一七年三月三日）。

「気取らず昔ながらの、庶民的な新橋の風景」、それは彼が自分で見つけた、理想郷の姿でもあったのではないか。だとすれば、いかにも「ブン屋」然とした、あの風体も、彼自身が選んで、次第に自然なものとして身につけていったものだったということか。

3、遅れて知る、彼のことなど

だが、金子直史という友人に死なれて、私にとってさらに衝撃的だったのは、彼の没後に初めて知ることの多さである。こういう状況でもないかぎり、私たちは、他人の「日記」を開いてみたりすることはない。

がんという病を抱えていることは、当人から聞かされ、私も知っていた。二〇一三年の最初の手術後のことである。早期がんで、きれいに切除できたので、だいじょうぶだ、とのことだった。そのときから、たしか、彼はたばこをやめていた。

二〇一六年秋、長野支局長としての単身赴任を一年余りで切り上げ、東京本社に戻ってきたとき、これから大腸がん再発の手術を受けると、軽い調子を装った文面のメールで知らされた。その後、退院の報告も受けていた。

だが、彼は、その年末に、主治医から中途半端なかたちで突然にがんの転移を告げられ、あげくに「まあ、何もしなかったら1年。処置をして2年？ ……3年かな？」などと言われる。こうしたことがあったとは、私はまったく知らなかった。それどころか、正式の余命宣告が執刀医からなされる直前、不安のどん底にいたはずのとき、私に宛てたメールで、彼は、こんなふうに書いていたのだ。

《私自身はすでにいたって元気なのですが、週明けの医者の診断などもあり、不自由で仕方ありません》（二〇一七年一月五日）

いったい、どういう心理に迫られながら、彼はこれを書いていたのだろうか？

先立つ長野支局長としての在勤中、二〇一六年二月から六月にかけて、彼は大腸がんが再発している可能性を病院側から示唆されながら、それを家族にさえ告げていない。つまり、自分ひとりで抱えていた。

支局長という役職は、その席を長く留守にはできない激務らしい。だから、彼は、神奈川県逗子市の留守宅にも立ち寄らずに、長野―東京間を日帰りで往復しながら、広尾の日赤での受診を断続的に続ける。ここには、大手メディアという「組織」の一員として、彼にのしかかった厳しい現実の反映もある。

金子の没後、初めて知ったことはほかにもある。

たとえば、彼が、音楽好きだったこと（一〇代のころ、指揮者になりたいと思った、とまで、彼は「日記」一七年一一月一五日のくだりに記している）。また、海や外光に触れる地元・逗子での暮らしを、強く愛していたこと。少女マンガっぽいイラストで、自分たち一家の肖像まで巧みに描けたこと。死期が迫っても、みずからキッチンに立って家族に料理をふるまったりすることに、彼が喜びを感じていたこと……。

通夜と葬儀のとき、何年か先輩にあたる細田正和さん（共同通信社常務理事）が、よく金子とボブ・ディランの歌について語り合ったということを弔辞で述べていた。そうだったのか。私は、彼と一度も音楽の話などしたことがなかったことが、悔やまれた。

通夜のあと、共同通信のＯＢ（女性だからＯＧと言うべきか）の方から、金子とともに葉山にある知人所有の別荘を訪ねたとき、彼がピアノに目を留め、弾きだした、という話を聞かされ、さらに驚いた。弾いたのは、サティの「ジムノペディ」だったという。

残る時間は、限られている。この現実に直面しながら、彼は「日記」で、なぜ？　と繰り返す。なぜ、世界はこんなに美しいのか？　自分は、どこから来て、どこに行くのか？　なぜ、ここを立ち去らねばならないのだろう？

彼の「日記」を、私が彼から受け取っていたメールの文面と照らしあわせると、幾度も、私は彼から〝だまされ〟ていたのだということがわかる。

先にも少し述べたように、金子は、私が関係した書籍の紹介記事を書いてくれることがあった。そんなとき、彼は鷹揚で、記事の掲載紙が、ある程度の数、手もとに溜まってから、まとめてどさっと送ってきてくれるのが常だった。だが、大腸の再手術を経て二〇一七年に現場復帰してからは、書き上げたばかりの原稿の段階で、ひとまず添付ファイルで送ってくるようになった。病気のこともあり、心が急くのだろう、と私は感じた。だが、メールに添え書きされる文面や、ときどきかかってくる電話の声の様子には変わりがないので、さほど気にはかけなかった。

送られてくる記事原稿に、「間違いなどあればご指摘ください」と添え書きが付されていることもある。それに対して、間違いというほどではないにしても、いくつか文中で気になるところを指摘したメールを返すと、すぐに彼から電話がかかってきて、「すみません、もう出稿してしまいました」と言うことがあった。そんなときには、何か事情があるのではないかと、気になった。だが、それも、確かめようのないことだった。

ところが、今度、彼の「日記」に照らすと、それらの記事原稿が、ただならぬ体の異状を縫いながら書かれていたことがわかる。体調が小康を得たわずかな時間のあいだに、金子は懸命にこれを仕上げて、成し遂げたという事実を知らせるつもりで、こちらに送っていたのではないか。そうすることが、彼にとっても、自身に納得を得る上で必要だったのかもしれない。体調悪化の兆しを感じて、当初の心づもりより、出稿を急がねばならないこともあったのではないか。

記者稼業のつとめには、著名人の死亡記事の予定稿を書くことなども含まれる。それを感じたのは、二〇一八年に入るころからだったかと思うが、金子が電話をかけてくると、ほかの用件のついでのような調子で、社会学者の日高六郎氏（一九一七年生まれ）がいまどこに住んでいるかを訊くようになった。日高氏は、長くパリ郊外で暮らしていたのだが、二〇〇五年の一時帰国中、金子を私が引き合わせて、彼がインタビュー記事を配信したことがある。その後、高齢の日高夫妻は、パリの住まいを引き払って日本に帰国し、京都に住んでいた。

その日高氏も、すでに満一〇一歳という高齢だった。通信社記者という職業上の責務として、著名人の死亡記事は絶対に落とせないものなのだと、かねて金子たちから聞いていた。だから、このとき、彼がそれを念頭に探りを入れているのだということは、私にも理解できた。私が一〇代のころから日高氏と行き来があることを、すでに金子はよく知っていたからだ。

日高氏は、夫妻で老人施設にいる、だが、夫人には持病があり、ご当人も言論人としてはすでに引退の意向を示している人なので、居所がどこかはプライヴァシーを守るためにも言えない、と私は答えた。「プライヴァシーねえ……」と、金子は言った。そして、「絶対にどこにも漏らさないので教えてほしい」と、これまでのように彼は粘った。そういうことが、しばらく時間を置きながら、二度、三度とあった（いま彼の「日記」を見ると、一八年二月二三日に「日高六郎手直し」とあり、日高氏死去の予定稿の準備をしていたことがうかがわれる)。私は、「いまも日高先生はお元気だが、万が一のことがあった場合には真っ先に金子さんには知らせるので、住所については勘弁してほしい」と押し切った。

日高六郎氏は、二〇一八年六月七日、早朝に亡くなった。私は、それを知らせるメールを当日の朝一〇時過ぎ、金子宛てに出している。だが、「日記」に照らすと、そのとき彼は体調がいよいよ悪化し、勤めも休んでいたようである。

にもかかわらず、翌八日の朝一〇時前、このことをおくびにも出そうとしない文面のメールを、私は彼から受け取っている。

《昨日は朝の早めの段階でご連絡をいただき、ありがとうございました。30分ばかりメール着信に気づかず、加盟社の注意喚起で着信に気づきました。ただ、速報は早い段階で、夕刊締め切りにも十分な余裕をもって、構えることができました。ありがとうございました。添付は昨日夕刊の東京新聞です。すでにご覧になっているかもしれませんが、ご参考まで添付します。》

東京新聞の記事は、第一面のまとまりのある初報と、第七面の「評伝」で成っている。「評伝」のほうには、「(金子直史・共同通信編集委員)」と署名が付されていた。

4、最後の企画のころ

金子直史と直接に顔を合わせたのは、二〇一七年の大晦日が最後である。前日、義父（逗子市の同じ敷地で暮らしていた）の葬儀を済ませたばかりにもかかわらず、明治一五〇年に向けた企画「遠近法の現代図」のための取材に応じてほしい、とのことで、この日の正午すぎ、彼はやってきた。

逗子市にある金子の自宅と、鎌倉市の私の自宅は、あいだに丘陵地をはさんで、三キロ足らずの距離である。金子は、わが家に現われるときには、いつも自転車で丘陵地の急坂を越えてきた。だが、この日、もう自転車を漕ぐのは苦しかったのだろう。自宅を出る前、電話してきて、車で入っていけるだろうか、と確かめてから（わが家に入る道は、細く、しかも途中でT字路を曲がらねばならない）、自動車でやってきた。面やつれした姿で現われるのかと心配したが、容貌はこれまでとほとんど変わっておらず、安心した（きっと、ここでも私は〝だまされ〟たのだろう）。夕方四時には別の来客がある、とあらかじめ言っておいたのだが、このときも彼は粘りに粘った。結局、時刻は四時を過ぎ、先約の写真家・石内都さんが現われた。大晦日なので一緒に食事しよう、というだけの約束だったので、健康なころの金子なら、そのまま居残って合流したかもしれない。だが、この日、彼は石内さんといくらか言葉を交わしただけで、帰っていった。つまり、それは、彼にとって、家族と共にする最後の年越しだったことになる。（このあと、金子は「生きることばへ」の連載で、石内都『ひろしま』などを取り上げている。）

ほぼひと月後、このときの「遠近法の現代図」は、第一部「開国とリアリズム」上・中・下として、掲載三回分の原稿にまとめて、二〇一八年一月三一日、私のところにも金子は添付ファイルで送ってきた。黒川の発言を直接に盛り込むことはできなかったが、それについては、改めて一九〇五年〜一〇年の明治末の植民地主義をあつかう続編で考えるようにしたい、と、私宛ての長いメール文を付していた。だが、それは、実現することなく終わっている。

これに並行して、金子が始めていた連載「生きることばへ」は、文字通り、彼の絶筆へと至る企画である。

連載の初回に取り上げるのは、金子が長野支局長就任直後（二〇一五年夏）に初めて訪ねた、戦没画学生の遺作を集める「無言館」（長野県上田市）の展示である。画学生たちは、ここに集められた作品を出征直前まで描きつづけて、やがて戦地に没する。これらの絵のなかに、金子は「命の叫び」があると感じる。

これに続く思索は、個人の死に始まり、広島、水俣、東日本大震災、沖縄、と死にまつわる場所をめぐっていく。そして、ふたたび個人としての死の場所に戻ると、「自死」という選択について考えている。

ここに至り、先の「命の叫び」と照応することばを金子が引用する場面がある。戦前のハンセン病の作家、北条民雄の小説に思いあたるくだりである。

「やや唐突かもしれない。だが私はどこかで、作家北条民雄が代表作『いのちの初夜』で、ハンセン病療養施設の患者の様子を記した有名な一節を思い出す。主人公は施設入所を前に何度も自死に失敗し、入所して同僚からこの言葉を聞く。『人間ではありませんよ。生命です。生命そのものなんです。ぼくらは不死鳥です。再び人間として生き復るのです』

この言葉の響きのなかに、いまは金子自身が立っている。一人の人間として、自分の体はまさに滅びつつあるのだが、まだ一つの生命として、確かに、ここにいる。そのように、自分が身を置く世界を見わたす視野の大きさに、彼の心の尊さのようなものを私は感じる。晴朗な精神の持ち主で、不機嫌、気難しさ、根気切れをほとんど外に出さなかった。生きて、なお何事かを成そうとする意志が、最後のときまで彼にはあった。

「――すべてを剝ぎ取った、いわば人間の、裸でありつつ揺るぎない生命の姿が、そこに表現されていると私は思う。そして人がただ『生きる』ということそれ自体の尊さを、感じつづけたいと思うのだ。」

おそらく彼は、いろいろなことを我慢しながら生きただろう。だが、彼は、最後まで、気持ちのよい男だった。一生分のビールを飲み尽くしてしまったかのように、この世を早々に立ち去ってしまったが、一一世紀のペルシアの詩人が、その種の男に代わって詠んだ四行詩をここに引こう。

この広い天地を墓所とすることで、われわれは、まだ共にいるのではないか。

愛しい友よ、いつかまた相会うことがあってくれ、
酌み交わす酒にはおれを偲んでくれ。
おれのいた座にもし盃がめぐって来たら、
地に傾けてその酒をおれに注いでくれ。

（オマル・ハイヤーム『ルバイヤート』、小川亮作訳）

あとがき

金子康代

1988年8月にネグロス島で知り合った私たちは、大分、福岡を経て沖縄、大阪、東京と30年を共に歩んできました。

80年代後半のフィリピン－ネグロスは、アキノ革命の後、マニラやセブの繁栄とは対照的に、サトウキビのモノカルチャーから脱皮できない島でした。貧富の差は激しく、政府とゲリラの対立は続き、不安定な政治状況が変わらず続いていました。

私は、自分を振り返りたいという茫漠とした目的でのフィリピン行でしたが、夫は常に「書く」フィールドを求めてのことでした。出会った人々に取材を申し込んでは書く、ということを繰り返していました。

当時、夫は、共同通信広島支局の記者で、戦後企画、被爆者、忠魂碑、靖国……と、常に、戦後とは何か、人権とは何かという問題に、取り組んでいました。

そこには、「個人を大切にする世の中」を求めて、自分に与えられた記者という仕事を通して何ができるかを常に問いながら、仕事をしている姿があったと思います。

　1991年から93年の那覇支局時代は、復帰20年の節目で、沖縄ポップカルチャーなど沖縄発の情報に、本土の関心が集中した時です。その一方、広大な米軍基地を抱えた沖縄は、那覇に住んでいた私達も早朝からの米軍ヘリの轟音に悩まされ、基地の重圧を肌で感じました。そして大田昌秀知事の一期目、賃貸借契約拒否地主を対象にした米軍用地の強制使用に関する「公告縦覧代行拒否」への期待も高まった時期です。

　まさに毎日が現場取材で、夫はあらゆることを「書き」「送る」に追われていました。その慌ただしい中でも、常に「普通の人の思いや生き様を伝えたい」という感覚はぶれることはありませんでした。沖縄を離れてからも、現地で培った人との関わりを大切に、その後の「普天間基地移設問題」「辺野古新基地問題」と、沖縄を訪れては「書いて伝える」という役割の一端を担いました。

　1995年からの文化部記者時代には、多くの文化人を取材しました。戦後60年企画で取材させていただいた小田実さんは、戦争によって犠牲となった個人のあり様を「難死」と表現されました。それは、「虫けらのように人が殺されていく死」を意味します。特攻兵士のように天皇によって意味を与えられた「散華」に対置した死です。そうしたことは戦争だけではなく、東日本大震災で原発避難を余儀なくさせられた多くの人々の身にも同じように降りかかりました。これも権力による犠牲だと思われます。このような取材を通して、夫は「個人を大切にする世の中」とは何かという考えを、さらに深めていきました。

2018年1月から7月にかけ、多くの地方紙に掲載していただいた「生きることばへ いのちの文化帖」は、病や戦争、災害などに直面した人々が、生と死にどう向き合ったのかをその生き様から読み解いたものです。夫自身も、末期の大腸がんであると2017年1月に余命宣告されてから1年間、がんによる痛みや抗がん剤による体調不良を抱えながらも、自分に残された時間に、何ができるかを必死に模索した結果、30回を書ききりました。そこには、「普通の人々の思いや生き様」が溢れています。

今回、刊行という機会が与えられ、一人でも多くの方々に読んでいただければと願っています。

夫、直史は、34年間、記者としてだけでなく、どういう場面においても、「書く」ということをライフワークにしておりました。

かつて、夫が、娘たちに語った言葉があります。

「お父さんは、物を書き続けることで、たとえ死んでしまっても、それを読む人の中で生き続けるんだよ」

最後になりましたが、無言館の窪島誠一郎様、黒川創様、共同通信文化部長加藤義久様はじめ文化部の皆様、そして刊行をお引き受けくださった言視舎の杉山尚次様に深く感謝申し上げます。

年譜（金子康代／加藤義久編）

▼1960年——0歳

3月25日　東京都目黒区生まれ。

▼1978年——18歳

3月　麻布高校卒業。

▼1984年——24歳

3月　東京大学教養学部教養学科（国際関係論専攻）卒業。

4月　共同通信社に入社。

5月　広島支局に配属。

▼1988年——28歳

4月　大分支局に異動。

8月16日　ネグロスキャンペーンのスタディツアーで康代と出会う。

▼1989年——29歳

5月27日　都内で挙式。

6月10日　康代大分へ。大分市大手町に住む。夫婦ともに大分在住の作家、故松下竜一さんと親交を深める。

▼１９９０年──30歳

4月　福岡支社編集部に異動。福岡市中央区鳥飼に住む。

▼１９９１年──31歳

4月　那覇支局に異動。那覇市泉崎に住む。写真家の石川真生さん、宮里千里さん、参議院議員伊波洋一さん他大勢の方と夫婦ともに交流。

▼１９９３年──33歳

5月　本社のラジオ・テレビ局報道部に異動。千葉県市川市に住む。

▼１９９５年──35歳

9月　編集局文化部に異動。放送担当としてテレビ局を取材。

10月27日　長女　由惟誕生。「深く考える人になってほしい」。直史命名。

▼１９９６年──36歳

9月　演劇担当として、日本の演劇界を代表する女優杉村春子にインタビュー。

▼１９９７年──37歳

3月　女優大竹しのぶのロングインタビューを配信。演劇人らにじっくり話を聞き、役者の生きざまを取材する。

6月1日　次女　実歩誕生。「一歩一歩着実に歩んでほしい」。直史命名。

12月15日　逗子に家を建てる。

▼１９９８年──38歳

4月　劇作家平田オリザらにインタビューし、冷めた目で日常を描く演劇の潮流を探った企画「乾いた風景　小劇場作家が見た今」を配信。その後、文芸担当に。

10月　作家三島由紀夫が十代に書いた未公開書簡が大量に見つかったことをスクープ。文学論などを同人誌につづったもので、文学活動の原点がうかがえる貴重な資料。

12月　オウム真理教信者に取材した「約束された場所で」を刊行した作家村上春樹にインタビュー。村上がメディアの取材に応じる機会が減ってきた頃で、作家の視線で事件の闇を見据えた貴重なインタビューに。

▼1999年——39歳

6月　芥川賞作家柳美里の自伝的小説をめぐり、東京地裁が出版差し止め判決。小説における「書かれる側の人権」の問題と表現の自由について論じる。

▼2001年——41歳

12月　米中枢同時テロやアフガン攻撃を受け、揺れる世界状況についての講演集を刊行したノーベル賞作家大江健三郎にインタビュー。現代をどう捉えるかについて聞いた。

▼2002年——42歳

3月　オウム真理教を題材にした映画「A2」(森達也監督)について、村上春樹から文章を寄せてもらう。オウム事件が指し示す現代日本の姿を深く考察した特別寄稿。

▼2004年——44歳

4月　文化部次長に。

7月　大阪支社文化部に次長として異動。家族で西宮市高塚町に転居。毎週末京都、大阪、関西一円を小旅行。

▼2005年——45歳

戦後60年の年間企画「戦後の風景　漂流の軌跡」を執筆。阪神大震災とオウム事件による時代の転換、在日にとっての戦後、大阪万博が生み出した夢と現実など、平和と成長を目指した戦後社会の歩みを考えた。

▼2006年――46歳

1月　作家司馬遼太郎の没後十年企画で哲学者鶴見俊輔にインタビュー。戦後日本を代表する思想家だった鶴見には、その後も思想や平和についてインタビューを重ねた。

3月25日～4月2日　家族全員で最初で最後になってしまった海外旅行。フィリピン、カオハガン島へ。

7月　文化部次長で東京に戻る。

▼2007年――47歳

1月　識者への取材を基に現代を考察する大型企画「〈現代〉の透視図」がスタート。「公と個人」「憲法と愛国」などをテーマに、5部にわたって現代社会の実相を浮き上がらせた。

5月　現代日本への痛烈な批判を続けてきた作家辺見庸に聞く大型インタビュー企画「記憶の内奥へ」を配信。

6月　戦後60年で取材を始めた作家小田実ががんを患い、末期であることが判明した後も病院でインタビューを重ねて企画『小さな人間』の平和へ　小田実さんの病床から」を配信。小田は7月に死去。

▼2008年――48歳

6月　文化部副部長に。

▼2010年――50歳

6月　文化部長に。

▼2012年――52歳

7月25日～8月10日　カナダから高校生の女子2人が金子家に2週間ホームステイ。直史は鎌倉や逗子海岸など案内。

▼2013年――53歳

1月29日　人間ドックで大腸がんが見つかり手術。ステージ1。手術で完全に取り除く。5日で退院。渋谷の日赤医療センター。

4月　編集局次長。

▼2014年――54歳

1月20日　日赤医療センター渋谷にてペット検査、異常なし。

4月6日　由惟が大学進学、入学式は家族全員で。

8月15日～18日　沖縄家族旅行、家族で沖縄はこれが4回目。

12月29日～2015年1月2日　恒例の年末年始家族で野沢温泉スキー旅行。

▼2015年――55歳

2月23日　日赤医療センター渋谷にてペット検査、異常なし。

6月　長野支局長として赴任。長野市中御所に住む。初めての単身赴任。康代、娘たちは頻繁に長野へ。

▼2016年――56歳

4月2日　実歩が大学進学、入学式に出席。

6月9日　康代、初めて本人より大腸がん再発を知らされる。

7月～9月にかけて、術前の抗がん剤治療で頻繁に長野東京往復。

9月　編集局企画委員として東京本社に戻る。

10月6日　渋谷の日赤医療センターにて12時間に及ぶ手術。

11月16日　退院、自宅療養。

▼２０１７年――57歳

３月　記事を書きたいという気持ちが強く、文化部に編集委員として戻る。

12月　連載「生きることばへ　いのちの文化帖」の原稿を書き始める（配信は12月、掲載は翌年１月から）。

▼２０１８年――58歳

２月　明治改元１５０年を踏まえ、近代日本を識者の言葉から振り返るコラム「遠近法の現代図」の第１部「開国とリアリズム」を送信。病のため第２部は実現しなかった。

７月　「生きることばへ　いのちの文化帖」全30回を書き上げる（配信終了後も掲載は続いた）。

９月13日　大腸がんのため死去。

（敬称略）

[著者紹介]

金子直史（かねこ・なおふみ）

1960年、東京生まれ。84年、東京大学教養学部卒。同年、共同通信社に入社。広島支局、大分支局、那覇支局などを経て、95年から本社文化部に。演劇、文芸などを担当しつつ戦後日本を捉え直す骨太な連載を執筆。2010年、文化部長、13年、編集局次長、15年、長野支局長、16年、本社編集局企画委員、18年、闘病しながら本書のベースとなる連載を完結させるも、同年9月、大腸がんのため死去。

ブックデザイン………山田英春
DTP制作………勝澤節子
編集協力………金子康代／黒川創／加藤義久
髙橋尚宏／宇野隆哉／西出勇志／片岡義博／田中はるか

生きることばへ
余命宣告されたら何を読みますか？

発行日❖2019年8月31日　初版第1刷

著者
金子直史

発行者
杉山尚次

発行所
株式会社言視舎
東京都千代田区富士見2-2-2 〒102-0071
電話 03-3234-5997　FAX 03-3234-5957
https://www.s-pn.jp/

印刷・製本
中央精版印刷㈱

ISBN978-4-86565-155-3 C0036